Georg Schützler

Segen: bitte täglich

Georg Schützler

# Segen: bitte täglich

echter

Der Umwelt zuliebe verzichten wir bei diesem Buch auf Folienverpackung.

Bibliografische Information der Deutschen Nationalbibliothek

Die Deutsche Nationalbibliothek verzeichnet diese Publikation in der Deutschen Nationalbibliografie; detaillierte bibliografische Daten sind im Internet über ‹http://dnb.d-nb.de› abrufbar.

1. Auflage 2024

www.echter.de

Umschlag: wunderlichundweigand.de
(Umschlagfoto: Pekic/iStock.com)
Innengestaltung: Crossmediabureau
Druck und Bindung: CPI-books Clausen & Bosse, Leck

ISBN 978-3-429-06707-6

# Inhalt

# Vorwort

Mit dem Wort „Segen“ kann es einem ähnlich gehen wie bei einem Spaziergang an einem Naturstrand an der Ostseeküste, wo über weite Strecken nur Steine zu sehen sind. Wieder mal erwischt man sich dabei, unter den vielen Steinen den einen ganz besonderen zu entdecken. Und wie es der Zufall will, finden die Augen tatsächlich den einen Stein, der aus der Masse der vielen heraussticht. Man bückt sich, nimmt ihn in die Hand und spürt sofort, dass sich dieser Stein deutlich von den anderen unterscheidet. Das muss ein Bernstein sein, so ein erster Gedanke. Zahnklopftest und Reibungstest zur statischen Aufladung bestätigen, ja es handelt sich höchstwahrscheinlich um einen Bernstein. Neben all den Steinen die Entdeckung eines Steins, der herausfällt, der von einer langen Geschichte erzählt aus uralten skandinavischen Wäldern. Eine Erzählung von Bäumen, die sich zum Himmel gestreckt haben, der Sonne entgegen, von Begegnungen mit Tieren und Menschen, von Stürmen und Unwettern, die sie brachen, vom Harz, das sie für Millionen Jahre dem Meer überließen – und jetzt, in der eigenen Hand, eine Kostbarkeit.
Da bewegt man sich durch den Alltag seines Lebens. Gleich den zigtausend Steinen am Strand ist man tagsüber mit zigtausend Worten, Begriffen und Satzfetzen konfrontiert. Worte, die einem meist nicht viel zu sagen haben, Buchstabenansammlungen, die das Herz kaltlassen, das Herz, das sich nach Zuwendung sehnt, in welcher Form auch immer.
Und da taucht aus der Fülle der Begriffe auf einmal das Wort „Segen“ auf. Im Klang zunächst den anderen Wörtern ähnlich. Doch innerlich, im Zentrum der eigenen

Gedankenwelt, wirkt es so, als ob sich in diesem Wort „Segen" ein Geheimnis verbergen würde. Eine Brücke zu unserer Ursprungsgeschichte, die es in ähnlicher Weise wie beim Bernstein auch von uns gibt. Eine Geschichte, die uns mit dem Himmel verbindet, mit all den Kräften, die uns unser Leben ermöglicht haben. Segen, der den Sonnenstrahlen gleicht, die uns zum Blühen gebracht haben. Segen, der dem Regen gleicht, der unseren Lebensdurst gestillt hat. Segen, der von der Liebe erzählt, die unser Herz berührt hat. Segen, der uns Trost gespendet hat, wenn dunkle Nächte alles von uns gefordert haben. Das kleine Wort „Segen" birgt das Geheimnis von den Zuwendungskräften, nach denen es uns immer wieder verlangt. „Segen" scheint das zu sein, was uns zuversichtlicher durch die Tage gehen lässt. Deshalb auch zu jeder Zeit neu die Versuche, mit Segenstexten das einzufangen und auszudrücken, was dem Leben mit all seinen Herausforderungen dienen könnte. So ist auch dieses Buch als ein Beitrag zu verstehen, „Segen" dort zu erfahren, wo wir uns mit unserem Leben gerade befinden.

*Georg Schützler, Februar 2024*

## Zum Inhalt

Vor jedem Segenstext ist ein einleitender Text zu finden, der ein Thema unseres menschlichen Lebens andeutet. Dabei handelt es sich um unterschiedliche Textarten: Kurzgeschichten, Gedichte, Märchen, Lyrik und Weisheiten aus verschiedenen Völkern. Zu Wort kommen Autoren wie Rose Ausländer, Antoine de Saint-Exupéry, Gudrun Pausewang, Rudolf Otto Wiemer, Anna Tüne, Anthony de Mello, Lothar Zenetti, Rainer Maria Rilke, Novalis, Thomas Morus, Khalil Gibran, Hans Magnus Enzensberger u. a. Die Texte dienen der freien Assoziation, dem eigenen Nachdenken wie auch kleinen Gesprächsrunden. Mit dem dazugehörenden Segen kann das eigene Reflektieren oder ein entsprechendes Gespräch beendet werden.

## Start in den Tag

Wieder ein Morgen
ohne Gespenster
im Tau funkelt der Regenbogen
als Zeichen der Versöhnung
Du darfst dich freuen
über den vollkommenen Bau der Rose
darfst dich im grünen Labyrinth
verlieren und wiederfinden
in klarer Gestalt
Du darfst ein Mensch sein
arglos
Der Morgentraum erzählt dir Märchen
Du darfst
die Dinge neu ordnen
Farben verteilen
und wieder
schön sagen
an diesem Morgen
du Schöpfer und Geschöpf

*Rose Ausländer*

## Segen

Sei gesegnet mit den ersten Strahlen
einer aufgehenden Sonne.

Sei gesegnet mit einem entspannten Körpergefühl
nach einem wohltuenden Schlaf.

Sei gesegnet mit der Erinnerung
an einen angenehmen Traum in der vergangenen Nacht.

Sei gesegnet mit einem Blick in den Spiegel,
der dich schmunzeln lässt.

Sei gesegnet mit dem Duft
nach frischem Kaffee oder Tee.

Sei gesegnet mit einem ersten liebenswerten Gruß
auf deinem Handy.

Sei an diesem Tag gesegnet mit einem Termin,
auf den du dich freust.

## Licht gegen Finsternis

Wenn wir, ohne lang zu zagen
oder ohne viel zu klagen,
gegen Schlimmes, das wir hören,
ohne lang uns zu empören,
eine große Tat nur wagten,
Gutes gegen Schlechtes sagten,
statt nur ängstlich auszuweichen,
lieber unsre Hand darreichten.
Wenn uns Finsternis umwallte,
Wärme bringen in das Kalte,
eine Kerze nur anzünden,
in Verzweiflung Hoffnung künden,
statt auf Hässliches zu fluchen,
nach dem Glanz des Schönen suchen,
in das Graue Buntes malen,
gegen Trübsinn Lächeln strahlen,
statt nur selber zu bedauern
und den „Wertschwund" zu betrauern,
Glaube, Hoffnung, Liebe setzen,
Ruhe stellen gegen Hetzen …
Wenn wir … wetten, wetten, wetten,
dass wir eine Welt dann hätten,
in der's noch viel mehr sich lohnte,
dass mit Freuden man drin wohnte.

*Helmut Zöpfl*

## Segen

Der Gott der Liebe
segne dich mit Liebesglut
gegen alle Lieblosigkeit.

Der Gott der Herzen
segne dich mit Herzlichkeit
gegen alle Kaltherzigkeit.

Der Gott des Friedens
segne dich mit Friedfertigkeit
gegen alle Friedlosigkeit.

Der Gott der Freude
segne dich mit Freundlichkeit
gegen alle Freudlosigkeit.

Der Gott der Hoffnung
segne dich mit Hoffnung
gegen alle Hoffnungslosigkeit.

Der Gott des Weges
segne deinen Weg
gegen alle Ausweglosigkeit.

Der Gott des Geistes
segne deinen Geist
gegen alle Geistlosigkeit,
jetzt und zu allen Zeiten.

## Du und die Sonne

Allmählich verwandelt das Mysterium des Lebens allen Kummer gewesener Tage in ruhige Heiterkeit. Anstelle des jugendlich heißen Blutes tritt der Friede demütigen klaren Alters.
Jeden Tag preise ich den Aufgang der Sonne, und mein Herz jubelt mir wie früher zu.
Aber noch mehr liebe ich jetzt ihren Untergang, ihre langen schrägen Strahlen, die stille, sanfte, versöhnende Erinnerungen wachrufen, lichte Bilder aus meinem langen gesegneten Leben, und über all dem die Gerechtigkeit Gottes, die alles besänftigt, versöhnt und verzeiht.

*Fjodor M. Dostojewskij*

## Segen

Der Gott des Ostens
wecke dich
mit den Morgenstrahlen
einer ganz persönlichen Hoffnung.

Der Gott des Südens
stärke dich
mit der Mittagsglut
zu einem kraftvollen Leben.

Der Gott des Westens
segne dich
mit den letzten Strahlen
zum Ende eines erfüllten Tages.

Der Gott des Nordens
entführe dich
in die Welt der Träume
von einer bezaubernd schönen Welt.

Wie die Sonne berühre dich Gott segnend,
morgens, mittags und am Abend
deiner Tage.

## Heimlich zur Nacht

Ich habe dich gewählt
Unter allen Sternen.

Und bin wach – eine lauschende Blume
Im summenden Laub.

Unsere Lippen wollen Honig bereiten,
Unsere schimmernden Nächte sind aufgeblüht.

An den seligen Glanz deines Leibes
zündet mein Herz seine Himmel an –

Alle meine Träume hängen an deinem Golde,
Ich habe dich gewählt unter allen Sternen

*Else Lasker-Schüler*

## Segen

Gesegnet sei die Liebe in deinem Herzen
vom leisen Hauch des göttlichen Geistes.

Gesegnet sei die Liebe auf deiner Haut
vom zärtlichen Gefühl einer Berührung.

Gesegnet sei die Liebe in deinen Ohren
vom feinen Klang inniger Worte.

Gesegnet sei die Liebe auf deinen Lippen
vom süßen Geschmack seliger Leidenschaft.

Gesegnet sei die Liebe in deinen Augen
vom Traumbild einer glückenden Beziehung.

## Unglaublich, aber gerettet

Auf einem schmalen Weg, wo zur rechten Hand ein hohes Gebirge emporsteigt und zur linken Hand ein breiter Fluss sein Bett hatte, ging ein Wanderer.
Plötzlich sah er vom Berg einen grimmigen Tiger auf sich zueilen; um ihm zu entgehen, wollte er sich in den Fluss stürzen und sich durch Schwimmen retten, doch da sah er, wie aus dem Fluss ein Krokodil auftauchte.
„O ich Elender!", schrie der arme Wandersmann, „wohin ich auch blicke, ist der sichere Tod."
Voll unaussprechlicher Angst sank er bei diesen Worten zu Boden. Der Tiger, schon ganz nah an ihm, tat einen jähen Sprung über ihn hinüber und fiel dem Krokodil in den Rachen.
Zufrieden mit seiner Beute tauchte das Krokodil wieder in die Tiefe hinab.
Und erhalten und unbeschädigt ging der Wandersmann weiter seines Weges.

*Johann Ferdinand Schlez*

Eine Fabel, passend zu dem Gebet aus Psalm 22,22

„Rette mich aus dem Rachen des Löwen und vor den Hörnern der Wildstiere! – Mein Gebet hast du erhört. –"

## Segen

Gott segne dich
mit Erfahrungen,
die dich jubeln lassen.

Gott segne dich
mit Begegnungen,
die dich fröhlich stimmen.

Gott segne dich
mit Augenblicken,
in denen dir der Himmel nahe ist.

Gott segne dich
in dunklen Stunden
mit einer Hand, die dich tröstet.

Gott segne dich in trüben Zeiten
mit Sternen,
die dir Licht verheißen.

So geh gesegnet
mit dem Vertrauen
auf die Wegführungen Gottes.

## „Ja" zu deinem Leben

Zu dir kann ich kommen, ohne eine Uniform anziehen oder einen Koran hersagen zu müssen; kein Stück meiner inneren Heimat brauche ich preiszugeben. In deiner Nähe habe ich mich nicht zu entschuldigen, nicht zu verteidigen, brauche ich nichts zu beweisen. Über meine ungeschickten Worte, über die Urteile hinweg, die mich irreführen können, siehst du in mir einfach den Menschen. Dein Ja-Sagen zu dem, was ich bin, hat dich gegen Haltung und Bekenntnis nachsichtig gemacht, sooft es nötig war. Ich weiß dir Dank dafür, dass du mich so hinnimmst.

*Antoine de Saint-Exupéry*

## Segen

Sei erfüllt
mit einem „Ja“ zu deinem Leben.

Sei gestärkt,
wenn dir ein „Nein“ entgegenschlägt.

Wo Minus steht,
sei gesegnet mit einem deutlichen Plus.

Wo man dich fallen lässt,
da schenke dir der Himmel Flügel.

Wo dein Wert verkannt wird,
vergolde Gott dein Herz.

## Freundschaften fürs Leben

*Mit Humor zu lesen:*

Sieben Arten von Männern,
die zu keiner Freundschaft taugen:

1. Ein im Rang vorgesetzter Mann.
2. Ein allzu junger Mann.
3. Ein sehr kräftiger und zeit seines Lebens gesund gebliebener Mann.
4. Ein Mann, der den Reiswein allzu sehr liebt.
5. Ein zu angriffslustiger Krieger.
6. Ein Lügner.
7. Ein Geiziger.

Drei Arten von Männern,
die sich zu einer guten Freundschaft eignen:

1. Ein großzügiger Mann.
2. Ein Arzt.
3. Ein kluger Mann.

*Weisheit aus Japan*

Welche Arten von Frauen eine beglückende Freundschaft möglich machen, kann nur von einer Frau geschrieben werden.

## Segen

Sei gesegnet mit einem Freund,
bei dem du dich innerlich zu Hause fühlst.

Sei gesegnet mit einer Freundin,
die deinem Herzen nahe ist.

Sei gesegnet mit einem Freundeskreis,
in dem du dich wohlfühlst
wie ein Fisch im Wasser.

Sei gesegnet mit einem freundschaftlichen Gottesbild,
das dir den Himmel öffnet.

So sei gesegnet jetzt, morgen und alle Tage deines Lebens
von einem Freundschaft stiftenden Geist.

## Lebensweg: geplant oder geführt?

Manchmal
stellt sich mir
mitten am Tag
ein Engel in den Weg,
an dem kein Vorbeikommen ist.

Unsichtbar
durchkreuzt er
all meine Pläne
und zwingt mich,
eine andere Richtung
einzuschlagen.

Erst sehr viel später
vermag ich zu sagen:
Gott sei Dank.

*Christa Spilling-Nöker*

## Segen

Sei gesegnet von Gott, dem Vater,
mit sicherer Hand,
um deinen Weg zu finden.

Sei gesegnet von Gott, der Mutter,
mit sicherem Blick
für das, was dir fehlt.

Sei gesegnet von einem Engel,
der sich dir in den Weg stellt,
da er sieht, was du nicht siehst.

Sei gesegnet von Gott, dem Geist,
mit Intuitionen für das,
was in deinem Leben ansteht.

## Leben verlangt Licht

Immer dann, wenn in der inneren Welt die Lichter ausgehen und alle großen Gestalten, die Freiheit, der Mut, die Freude und andere mehr sich in ihre Häuser zurückgezogen haben, verlässt die Hoffnung ihr Haus und sucht und sucht nach dem „verborgenen kleinen Licht“, das nur selten erlischt. Und wenn sie es gefunden hat, dann geht sie von Haus zu Haus und wartet darauf, dass die Bewohner das kleine Licht sehen und ihre Kerzen daran entzünden. Und immer wieder staunt die Hoffnung darüber, dass manche dunklen Häuser verschlossen bleiben.

*Uwe Böschemeyer*

## Segen

Zum Ersten segne dich Gott mit Licht,
um für dich selbst zu sorgen.

Zum Zweiten segne dich Gott mit Licht,
damit es hell werde und bleibe in deiner Familie.

Zum Dritten segne dich Gott mit Licht,
um es anderen weiterzureichen,
die gerade eine finstere Nacht erfahren.

Zum Vierten segne dich Gott mit Licht,
damit deine Wege klar werden und bleiben

- zu Gott
- zu dir selbst
- zum Mitmenschen
- zur Schöpfung.

So geh gesegnet deinen Weg
im Vertrauen, in der Liebe, in der Hoffnung,
jetzt, morgen und allezeit.

## Hand zur Versöhnung

Ich empfehle
der Friedenskonferenz
den Tisch meiner Großmutter,
die, am Tisch sitzend, das Gezänk
mit dem Großvater jäh unterbrach,
indem sie die Hand ausstreckte und
wartete, bis die andere Hand, die
große des Mannes, sich, wenn auch zögernd,
näher heranschob –
diesen Tisch
aus schlechtem fichtenen Holz und
alt wie das faltige Lächeln der Großmutter,
ihn empfehl ich.

*Rudolf Otto Wiemer*

## Segen

Sei gesegnet von Gott,
von seiner mütterlichen Seite,
mit der Fähigkeit, Streit zu beenden.

Sei gesegnet mit der himmlischen Gabe,
Versöhnung anzubieten.

Sei gesegnet mit einer Hand,
die den Augenblick trifft,
wo du ohne Worte verstanden wirst.

Sei gesegnet mit einem Gegenüber,
das Frieden höher schätzt als Streit.

Sei gesegnet mit einem Herzen,
das offen ist für alles,
was dem Frieden dient.

## Befreite Räume

Wo bist du ganz du selber,
ohne Schminke, ohne Maske?

Wo ist der Raum, der dein Atem ist,
offen für deine Entfaltung?

Wo ist der Humus deiner Wurzeln,
wo die Quelle deiner Lebendigkeit,

wo das tragende Fundament,
wo der Ursprung deiner Träume?

Ich kann dir nicht antworten.

Du musst es selbst ertasten,
erspüren, erwandern, erfahren.

Komm, wir gehen miteinander ganz hinunter
zu deinen und meinen Wurzeln.

Komm, wir suchen miteinander den festen Grund,
wo dein und mein Fundament liegt.

Komm, wir schwimmen gemeinsam gegen den Strom,
um unser aller Quell' zu finden.

*Josef Gähwiler*

## Segen

Sei gesegnet mit dem Geschenk eines Orts,
an dem sich Himmel und Erde begegnen.

Sei gesegnet in deinem Herzraum
mit der Gegenwart des göttlichen Geistes.

Sei gesegnet mit der Kraft,
dir immer wieder befreite Räume zu schaffen.

Sei gesegnet mit dem Gespür für das,
wo das Heilige zu Hause ist.

Sei gesegnet mit dem Geist,
der Räume füllen kann.

## Achtsamkeit – was für ein Geschenk

Schönes grünes, weiches Gras. Drin liege ich.
Inmitten goldgelber Butterblumen!
Über mir … warm … der Himmel:
ein weites, schütteres, lichtwühlig, lichtblendig, lichtwogig
zitterndes Weiß,
das mir die Augen
langsam … ganz … langsam schließt.

Wehende … Luft … kaum merklich
ein Duft,
ein zartes … Summen.

Nun bin ich fern von jeder Welt,
ein sanftes Rot erfüllt mich ganz.
Und deutlich … spüre ich … wie die Sonne
mir durchs Blut rinnt.

*Arno Holz*

## Segen

Sei gesegnet mit Achtsamkeit für all das,
was sich in deinem Herzen regt.

Sei gesegnet mit Aufmerksamkeit
auf all den Wegen deines Lebens.

Sei gesegnet mit Behutsamkeit
für all die, die dir anvertraut sind.

Sei gesegnet mit wachen Sinnen
für das Leiden deiner Schwestern und Brüder.

Sei gesegnet mit offenen Augen und Ohren
für die Güte des Himmels,
die dir täglich gilt.

## Geliebtes Leben

Ich denke an das Leben:
an die funkelnden Sterne und die schäumenden Wolken,
an die duftende Erde und den grünnassen Baum,
an die Schönheit von Häusern und prachtvolle Straßen, …
an originelle Gesichter und das Strahlen Behinderter,
an heitere Kranke und vor Glück heulende Männer,
an sich schämende Politiker und betende „Atheisten“,
an tanzende Alte und ernsthafte Junge,
an das Lichtermeer zugunsten der „Fremden“
und alle Proteste für ein menschliches Leben,
an … an …
Ich denke an das Leben!
Verstehst du?
An dieses verdammt geliebte Leben!

*Uwe Böschemeyer*

## Segen

Sei gesegnet von den väterlichen Kräften des Himmels,
der Kraft zur Kreativität.

Sei gesegnet von den mütterlichen Kräften der Erde,
der Kraft, die dich werden ließ.

Sei gesegnet von der Kraft unseres Menschenbruders,
der für alle Zeiten gültig gesprochen hat:
„Ich lebe und ihr sollt auch leben.“

Sei gesegnet von den Geistkräften des Himmels,
mit Vertrauen, mit Liebe, mit Hoffnung,
mit all dem, was dich freudig stimmt
und beschwingt in deine Tage gehen lässt.

## Frei oder wohlgenährt

Dem feisten, wohlgenährten Hund begegnete der Wolf, verkommen, ausgehungert, ein Skelett, und der fragte den Hund: „Sag, wie kommst du zu dem Fett? Wer hat den runden Wanst dir angemästet?“ „Der Herr, dem treu ich diene“, sprach der Hund. „Komm mit mir, und es wird auch dir wohlergehen!“ Von welcher Art der Dienst sei, fragte der dürre Wolf. „Nicht schwer“, erzählte der Hund: „Das Eingangstor bewachen und das Haus des Nachts vor Dieben schützen.“
Die Arbeit schien dem Wolf erträglich, und er folgte dem Hund, auf Nahrung hoffend. Doch plötzlich traf sein Blick den Hals des Hundes, zerrieben von der Kette, und er fragte, woher die kaum vernarbten Wunden stammen. Es zögert mit der Antwort der Hund, doch wiederholten Fragen beugt er sich, und, flüsternd fast, gesteht er: „Wisse, Wolf, weil ich zu heftig schütze Haus und Hof, legt man tags mich an die Kette.“ Und lauter wieder: „Abends aber, Ha! da schweife ich, wohin das Herz mich führt, und fette Bissen wirft mir das Gesinde, und Brot bekomme ich vom Tisch des Herrn und Zukost …“ –

„Danke! Danke!“, unterbrach der Wolf. „Genug! Bin ich mein Herr nicht, will ich hungern.“ Da wandte sich der Wolf und schwankte müde heim.

*Fabeldichter Gaius Phädrus*

## Segen

Sei gesegnet mit deinem Verlangen
nach Wohlergehen und Freiheit.

Sei gesegnet mit einem wachen Geist,
wo Sattheit dir die Freiheit raubt.

Sei gesegnet von Brüdern der Freiheit,
die ihr Brot mit dir teilen.

Sei gesegnet von souveränen Schwestern,
die deine Freiheit lieben.

Sei gesegnet mit der Balance
zwischen Freiheit und Wohlergehen.

## Sich ändern, aber wie?

Jahrelang war ich neurotisch. Ich war ängstlich, depressiv und selbstsüchtig. Alle möglichen Leute sagten zu mir, wie neurotisch ich sei und dass ich mich doch ändern soll. All diese Leute waren mir so zuwider, obwohl ich ihnen zustimmte, dass ich mich ändern sollte, aber ich brachte es nicht fertig, sosehr ich mich auch bemühte. Was mich am meisten schmerzte, war, dass mein bester Freund ebenso immer wieder sagte, wie neurotisch ich sei und dass ich mich unbedingt ändern sollte. Doch sosehr ich mich auch bemühte, ich brachte es nicht fertig, mich zu verändern, ich fühlte mich machtlos und gefangen. Doch dann sagte mein Freund eines Tages zu mir: „Ändere dich nicht. Bleib, wie du bist. Es ist wirklich nicht wichtig, ob du dich änderst oder nicht. Ich liebe dich so, wie du bist. So ist es nun einmal." Diese Worte klangen wie Musik in meinen Ohren: „Ändere dich nicht, ändere dich nicht … ich liebe dich, so wie du bist." Und ich entspannte mich, und ich wurde lebendig, und Wunder über Wunder, ich änderte mich!

Jetzt weiß ich, dass ich mich nicht wirklich ändern konnte, bis ich jemanden fand, der mich liebte, egal ob ich mich ändere oder nicht.

Liebst du mich auf diese Weise, Gott?

*Anthony de Mello*

## Segen

Gott segne dich zu jeder Zeit
mit Erfahrungen, die deine Mitte stärken.

Gott segne dich zu jeder Zeit
mit Begegnungen, die dich fröhlich stimmen.

Gott segne dich zu jeder Zeit
mit Augenblicken, in denen dir der Himmel nahe ist.

Gott segne dich in dunklen Stunden
mit einem leibhaftigen Engel,
der Licht verbreitet und Wärme stiftet.

## Empathie

Im August des Jahres 1804 stand in der Stadt Anklam in Pommern ein reisender Handwerksbursche an einer Stubentür und bat um einen Zehrpfennig. Als sich niemand sehen ließ noch rührte, ging er leise hinein. Er erblickte eine arme und kranke Frau, die sagte, sie habe selber nichts. So ging er wieder hinaus.
Nach fünf Stunden kam er wieder. Die Frau rief ihm entgegen: „Mein Gott, ich kann Euch ja nichts geben. Ich lebe selber von anderer Leute Barmherzigkeit!"
Da trat der Jüngling an den Tisch, legte aus seinen Taschen viel Brot darauf, das er unterdessen gesammelt hatte, und viele gesammelte Geldstücke. „Das ist für Euch, arme kranke Frau", sagte er mit sanftem Lächeln, zog leise die Stubentür zu und ging wieder fort.

*Johann Peter Hebel*

## Segen

Gesegnet sei dein Mitgefühl
für Menschen in einer Krise.

Gesegnet sei dein Feingefühl
für verstecktes Leiden.

Gesegnet sei deine Herzensgüte,
wo andere am Verzweifeln sind.

Gesegnet sei deine Barmherzigkeit,
wo Menschen vom Leid geschüttelt werden.

Gesegnet sei deine Sensibilität
für Menschen, die aus dem Schatten nicht herauskommen.

Gesegnet sei deine Empathie,
jetzt, morgen und für alle Tage.

## Erfolgreich, aber am Ende

Ein Bettler zupfte einen Passanten am Ärmel und bat um Geld, weil er sich eine Tasse Kaffee kaufen wollte. Und gleich darauf erzählte er seine Geschichte:
„Wissen Sie was, es gab eine Zeit, da war ich ein reicher und erfolgreicher Kaufmann, genau so einer wie die Geschäftsleute hier.
Jahrelang habe ich hart gearbeitet, oft bis tief in die Nacht. Auf meinem Schreibtisch stand mein Leitspruch:
‚Kreativ denken, entschlossen handeln, gefährlich leben.‘ Nach diesem Motto lebte ich – und das Geld strömte nur so herein.

Und dann … und dann … (der Bettler zitterte vor Schluchzen) … dann warf die Putzfrau mein Motto in den Mülleimer.“

*Anthony de Mello*

Was leisten all die Erfolg verheißenden Sprüche, wenn, aus welchen Gründen auch immer, alle Statistikkurven nach unten zeigen und man mit seinem Latein am Ende ist?

## Segen

Sei gesegnet mit einer großen Freude
an deinen Begabungen und Fähigkeiten.

Sei gesegnet mit Erfolg und Glück
bei all deinen Planungen und Unternehmungen.

Sei gesegnet mit himmlischem Trost,
wenn du statt Glück einen Scherbenhaufen erntest.

Sei gesegnet mit offenen Armen,
die dir zum Trost entgegengestreckt werden,
wenn die Vergänglichkeit Abschiede von dir verlangt.

So sei gesegnet,
jetzt, morgen und alle Tage deines Lebens.

## Glück dient dem Frieden

Als der Krieg zwischen den beiden benachbarten Völkern unvermeidlich war, schickten die Feldherren von beiden Seiten Späher aus, um zu erkunden, wo man am leichtesten in das Nachbarland einfallen könnte.
Die Kundschafter kehrten zurück und berichteten auf beiden Seiten dasselbe: Es gebe nur eine Stelle an der Grenze, die sich dafür eigne. „Dort aber“, sagten sie, „dort wohnt ein braver kleiner Bauer in einem kleinen Haus mit seiner anmutigen Frau. Sie haben einander sehr lieb, und es heißt, sie seien die glücklichsten Menschen auf der Welt. Sie haben ein Kind. Wenn wir nun über sein Grundstück marschieren, dann zerstören wir das Glück. Also kann es keinen Krieg geben.“
Das sahen die Feldherren ein, und der Krieg unterblieb, wie jeder Mensch begreifen wird.

*Chinesisches Märchen*

## Segen

Der Himmel sei dir zugewandt
mit einem Glück,
das Frieden stiften kann.

Der Himmel sei dir zugewandt
mit einer Liebe,
die Böses auflösen kann.

Der Himmel sei dir zugewandt
mit einem Traum,
der wirklich werden kann.

Der Himmel sei dir zugewandt
mit einer Welt,
auf der man mit Kindern leben kann.

Der Himmel sei dir zugewandt
mit einem Frieden,
der höher ist als alle Vernunft.

## Humor erwünscht

Schenke mir eine gute Verdauung, Herr, und auch etwas zum Verdauen.
Schenke mir Gesundheit des Leibes, mit dem nötigen Sinn dafür, ihn möglichst gut zu erhalten.
Schenke mir eine heilige Seele, Herr, die das im Auge behält, was gut ist und rein, damit sie im Anblick der Sünde nicht erschrecke, sondern das Mittel finde, die Dinge wieder in Ordnung zu bringen.
Schenke mir eine Seele, der die Langeweile fremd ist, die kein Murren kennt und kein Seufzen und Klagen, und lass nicht zu, dass ich mir allzu viel Sorgen mache um dieses sich breitmachende Etwas, das sich „Ich" nennt.
Herr, schenke mir Sinn für Humor, gib mir die Gnade, einen Scherz zu verstehen, damit ich ein wenig Glück kenne im Leben und anderen davon mitteile.

*Thomas Morus*

## Segen

*Sie legen beide Hände auf Ihren Herzraum*
*und lesen dann den Text:*
Gott segne mein Herz,
damit es fröhlich klopft in meiner Brust.

*Die Hände auf den eigenen Kopf legen:*
Gott segne meinen Geist
mit Humor und Lebenswitz.

*Die Hände in den Bereich der Augen legen:*
Gott segne meine Augen,
damit das Lächeln des Himmels aus ihnen strahle.

*Die Hände auf den Bereich des Munds legen:*
Gott segne meinen Mund,
damit er sich öffne für alles,
was aufbaut und erheitert,
und verschließt für alles,
was verletzt und zerstört.

*Die Hände über die Ohren legen:*
Gott segne meine Ohren,
damit sie göttlichen und menschlichen Humor verstehen.

*Beide Hände zusammenlegen:*
So segne mich
der befreiende Gott
der freundliche Sohn
und der inspirierende Geist.

## Was Nähe bewirken kann

wußten sie schon
daß die nähe eines menschen
gesund machen krank machen
tot und lebendig machen kann
daß die nähe eines menschen
gut machen böse machen
traurig und froh machen kann

wußten sie schon
daß das wegbleiben eines menschen
sterben lassen kann
daß das kommen eines menschen
wieder leben läßt
daß die stimme eines menschen
einen anderen menschen
wieder aufhorchen läßt
der für alles taub war

wußten sie schon
daß das anhören eines menschen
wunder wirkt
daß das wort oder das tun eines menschen
wieder sehend machen kann
einen
der für alles blind war
der nichts mehr sah

*Wilhelm Willms*

## Segen

Gott, deine Nähe sei spürbar
durch meine Hände,
die halten und trösten können.

Deine Nähe sei erfahrbar
durch meine Ohren,
die aufmerksam hinhören können.

Deine Nähe sei spürbar
durch meine Augen,
die Wärme ausstrahlen können.

Deine Nähe sei erfahrbar
durch meine Füße,
die auf einem Weg begleiten können.

Deine Nähe sei hörbar
durch meine Stimme,
die Liebe und Zuwendung ausdrücken kann.

## Lieben, was das Herz liebt

*Weinend sagte Franziskus eines Tages zu Gott:*
Ich liebe die Sonne und die Sterne.
Ich liebe Klara und ihre Schwestern.
Ich liebe das Herz der Menschen
und alle schönen Dinge – Gott,
du musst mir bitte, bitte verzeihen,
denn nur dich sollte ich lieben.

*Lächelnd antwortete Gott:*
Franziskus, auch ich liebe die Sonne und die Sterne,
auch ich liebe Klara und ihre Schwestern,
auch ich liebe das Herz der Menschen
und alle schönen Dinge – mein Franziskus,
du musst nicht weinen,
denn das alles liebe ich auch.

*Klara und Franziskus*

## Segen

Sei gesegnet mit der Herzwärme,
die du zu einem Menschen empfindest.

Sei gesegnet mit deiner Sehnsucht,
dem anderen nahe zu sein.

Sei gesegnet mit deiner Freude
an Berührungen.

Seid gesegnet mit Träumen
von einer gemeinsamen Zukunft.

Sei gesegnet mit dem göttlichen Geschenk,
das man immer noch Liebe nennt.

## Aufrecht gehen

Ein Mann kommt zu seinem Schneider und probiert seinen neuen Anzug an. Dabei fällt ihm auf, dass der rechte Ärmel ein bisschen kürzer als der linke ist. „Oh", sagt der Schneider, „das macht gar nichts, heben Sie einfach ein bisschen die rechte Schulter, dann passt das schon." Der Mann probiert das, und es funktioniert auch, doch nun fällt ihm auf, dass jetzt der Kragen etwas schief sitzt. „Das ist gar kein Problem", sagt der Schneider, „Sie müssen bloß den Kopf ein wenig nach links neigen, dann passt auch das." Und wirklich, es hilft. Aber leider sieht der Mann, dass nun das linke Hosenbein etwas zu lang ist.
„Überhaupt keine Schwierigkeit", meint nun der Schneider, „Sie machen einfach den linken Fuß steif und heben ein bisschen die Ferse, dann passt es wunderbar." Der Mann probiert es, und nachdem der Schneider auch diesmal recht hat, kauft er den Anzug und geht.
Am nächsten Tag humpelt er so mit seinem neuen Anzug an zwei Männern vorbei, rechte Schulter hochgezogen, Kopf schief liegend und das linke Bein gestreckt. Die beiden Männer schauen ihm nach, und dann sagt der eine: „Armer Kerl, so stark behindert." Worauf der andere sagt: „Ja, er kann einem wirklich leidtun. Aber sein Schneider muss eine Wucht sein, der Anzug passt perfekt!"

*Jüdische Weisheitsgeschichte.*

## Segen

Sei gesegnet von dem Gott,
der dir keinen Zuschnitt verpasst.

Sei gesegnet von den Kräften,
die dich aufrecht gehen lassen.

Sei gesegnet von dem Geist,
der dir keine fremde Rolle zuordnet.

Sei gesegnet mit Freude am Gestalten,
um deinen eigenen Typ zu finden.

Sei gesegnet mit Freundschaften,
wo du das sein kannst, was du bist.

## Vom Herz leiten lassen

„Der Zauberer Don Juan empfiehlt seinem Schüler Carlos Castaneda, liebevoll durch die Welt zu gehen:

Schau dir jeden Weg ganz genau und bewusst an.
Lass dir dafür so viel Zeit, wie du brauchst.
Dann stell dir selbst,
und wirklich nur dir selbst, eine Frage:
Diese Frage wird gewöhnlich nur von sehr alten Menschen gestellt …
Ich will dir sagen, wie die Frage lautet:
‚Hat dieser Weg ein Herz?'

Wenn das der Fall ist, dann ist der Weg gut;
Wenn das nicht der Fall ist,
dann hat der Weg keinen Nutzen für dich."

*Autor unbekannt*

## Segen

Mögen deine Blicke erkennen,
wo Herzen unbehindert schlagen können.

Mögen deine Füße spüren,
wo man beherzt seinen Weg gehen kann.

Mögen deine Ohren hören,
wo feine Herztöne zur Musik werden können.

Möge dein Puls schneller schlagen,
wenn dir aufs Neue die Liebe begegnet.

Möge ein Stern dir den Weg zeigen,
auf dem du die Menschen kennenlernst,
die ihr Herz auf dem rechten Fleck haben.

## Es wagen, etwas zu sagen

Was keiner wagt, das sollt ihr wagen,
was keiner sagt, das sagt heraus,
was keiner denkt, das wagt zu denken,
was keiner anfängt, das führt aus.

Wenn keiner ja sagt, sollt ihr's sagen,
wenn keiner nein sagt, sagt doch nein,
wenn alle zweifeln, wagt zu glauben,
wenn alle mittun, steht allein.

Wo alle loben, habt Bedenken,
wo alle spotten, spottet nicht,
wo alle geizen, wagt zu schenken,
wo alles dunkel ist, macht Licht.

*Lothar Zenetti*

Ja, so müsste man leben können,
gerade in unserer aufgewühlten Zeit,
die so viele Ängste hochkommen lässt,
so mutig,
so stark,
so geradlinig.

## Segen

Sei gesegnet von der männlichen Seite Gottes
mit dem Elan,
immer wieder neu das Leben zu erobern.

Sei gesegnet von der weiblichen Seite Gottes
mit Zuwendungsfreude,
Beziehungen immer wieder neu zu beleben.

Sei gesegnet von der schöpferischen Seite Gottes
mit Gestaltungslust,
besonders dort, wo die Welt gefährdet ist.

Sei gesegnet von der gütigen Seite Gottes
mit all dem,
was dich aufbaut
und träumen lässt.

## Schwert des Geistes

In Korea gab es zur Zeit der Bürgerkriege einen ganz besonders grausamen General, der Menschen wahllos niedermetzelte und vor dessen Truppen alle flohen.
Nur ein Zen-Meditationsmeister machte keine Anstalten zu fliehen, als der General mit seinen Männern das Dorf einnahm.
Der General ging in das Kloster, zog vor dem Meister sein Schwert und drohte: „Weißt du nicht, wer ich bin? Ohne mit der Wimper zu zucken kann ich dich töten."
Der Zen-Meditationsmeister erwiderte sanft: „Und du, weißt du nicht, wer ich bin? Ich bin ein Mann, den man töten kann, ohne dass er mit der Wimper zuckt."
Da verneigte sich der General und untersagte seinen Soldaten, das Dorf zu plündern.

*Marco Aldinger*

## Segen

Sei gesegnet mit dem Schwert des Geistes
mit einem Wort, das dir der Himmel reicht.

Sei gesegnet mit einem Herzen,
das sich nicht ängstigen lässt.

Sei gesegnet mit Ruhe,
die sich nicht irritieren lässt.

So sei gesegnet mit himmlischer Gelassenheit
auf den weiteren Wegen deines Lebens.

## Glück der Unvollkommenheit

Ein leidenschaftlicher Schachspieler war jedes Mal, wenn er eine Partie Schach verloren hatte, der Meinung, versagt zu haben. Nachdem er zwei Jahre lang bei einem berühmten Rabbi in die Lehre gegangen war, dachte er, er hätte versagt, wenn er gewonnen hatte. Daraufhin wurde er drei Jahre lang Schüler eines Sufi-Weisen und lernte, dass er, wenn er verlor, sich aber wegen des Verlierens gut fühlte, versagt habe. Immer noch nicht zufrieden, ging er vier Jahre lang in den Himalaja und lernte von einem großen Yogi, dass er, wenn er gewann, sich aber deshalb schuldig fühlte, versagt habe. Schließlich und endlich traf er auf einen alten Schreinermeister, der gern Schach spielte. Und was passierte innerhalb weniger Wochen?
Er lernte endlich, wie man die Bauern richtig einsetzt!

*Marco Aldinger*

Wann hat man seine Seelenlandschaft so weit geordnet, dass man sagen kann, jetzt ist sie perfekt, jetzt gibt es aber auch gar nichts mehr, was man kritisieren oder anzweifeln könnte. Bei jeder Innenschau könnte man verzweifeln. Selbst bei einer noch so guten Tat können Motive mitlaufen, die man einfach hässlich findet. Von Vollkommenheit keine Spur.

## Segen

Sei gesegnet mit der Erkenntnis,
ein einmaliges Original zu sein.

Sei gesegnet mit dem Vertrauen,
dass Gott in deinem Herzen zu Hause ist,
mit seiner Güte und Schönheit.

Sei gesegnet mit der Freiheit,
einfach nur das zu sein, was du bist.

Sei gesegnet mit einer Befreiung
von all dem,
was dich in Normen zwingt
und festlegen will.

Sei gesegnet von dem Gott,
der deine Blößen deckt
mit dem Schutzmantel
seiner liebenden Mütterlichkeit und
seiner liebenden Väterlichkeit.

## Zuwendung

Heute gehe ich in einen Friseurladen mit jungen Mitarbeitern, die Wolfgang, Robert oder eben Pierre heißen und keine Nachnamen haben. Manche rollen auf Inline-Skates, und alle schneiden mein Haar, wie ich es will …
Ich liebe es, wenn die Friseure bei ihrer Arbeit mit mir über die Struktur meiner Haare sprechen, wenn sie mich zum Beispiel fragen, ob ich viel Stress hätte zurzeit – mein Haar sei so dünn.
Wenn sie Fragen der Glatzenbildung mit mir erörtern. Wenn sie über Shampoos sprechen, gewonnen aus Kleie, Vollmilch und Stroh, aus Algen und Korallen, aus Lindenblüten und Passionsblumen oder aus den ätherischen Ölen des Teebaums.

*Axel Hacke*

## Segen

Gesegnet sei dein Tag
mit Erfahrungen,
in denen wirklich du gemeint bist.

Mit offenen Ohren,
wenn du dich mit einem Beitrag einbringst.

Mit Aufmerksamkeit,
wenn deine Körpersprache ein Unwohlsein ausdrückt.

Mit Zuneigung,
wenn du verloren wirkst.

Mit Wärme,
wenn du innerlich oder äußerlich zu frösteln scheinst.

Mit Herzlichkeit,
wenn dein Herz nach mehr Nähe verlangt.

So sei gesegnet an diesem Tag,
als wenn es dein Tag wäre.

## Quelle des Lebens

Es war einmal ein Guru, der von vielen, vielen Menschen wegen seiner Weisheit geschätzt wurde. Fast täglich hielt er Vorlesungen über verschiedene Aspekte des spirituellen Lebens, und all seinen Schülern war klar, dass es ein Glück war, so einen Lehrer vor sich zu haben mit solcher Tiefe und Weisheit. Und immer wieder fragten ihn seine Schüler nach der Quelle, aus der er seinen unerschöpflichen Vorrat an Weisheit entfaltete. Er sagte ihnen, es stünde alles geschrieben in einem Buch, das sie nach seinem Tod erben würden.
Am Tag nach seinem Tod fanden die Schüler das Buch genau dort, wo er es ihnen beschrieben hatte, dass es sein würde. Das Buch hatte nur eine Seite und darauf stand nur ein Satz. Er lautete: „Begreift den Unterschied zwischen Behälter und Inhalt, dann wird die Quelle der Weisheit offen vor euch liegen."

*Anthony de Mello*

Wir leben in einer Zeit, in der das Äußere, die Aufmachung, Deko, Design, das Outfit, die Fassade, Styling, Ausstattung, in der all dies eine übermächtige Rolle spielt. Doch der Inhalt, der die Mitte, der das Herz füllen könnte, sieht oft sehr dünn aus, mitunter ärmlich.

## Segen

Sei gesegnet mit der Einladung des Himmels
zu einem erfüllten Leben.

Sei gesegnet mit der Gemeinschaft derer,
die wie du Lebensdurst und Lebenshunger kennen.

Sei gesegnet mit einem wachen Herzen,
wenn die Quellen deines Lebens versiegen.

Sei gesegnet mit der Nähe des Himmels,
dem Ort der nie versiegenden Quellen.

## Heiterkeit

Ich bin vergnügt, erlöst, befreit.
Gott nahm in seine Hände meine Zeit,
mein Fühlen, Denken, Hören, Sagen,
mein Triumphieren und Verzagen,
das Elend und die Zärtlichkeit.

Was macht, daß ich so fröhlich bin
in meinem kleinen Reich?
Ich sing und tanze her und hin
vom Kindbett bis zur Leich.

Was macht, daß ich so furchtlos bin
an vielen dunklen Tagen?
Es kommt ein Geist in meinen Sinn,
will mich durchs Leben tragen.

Was macht, daß ich so unbeschwert
und mich kein Trübsinn hält?
Weil mich mein Gott das Lachen lehrt
wohl über alle Welt.

*Hanns Dieter Hüsch*

## Segen

Gott segne dich immer wieder
mit Erfahrungen, die deine Mitte stärken.

Gott segne dich immer wieder
mit Ereignissen, die dich jubeln lassen.

Gott segne dich immer wieder
mit Augenblicken, in denen dir der Himmel nahe scheint.

Gott segne dich in dunklen Stunden
mit einer Hand, die dich tröstet.

Gott segne dich in trüben Zeiten
mit Sternen, die dir Licht verheißen.

Gott segne dich mit Heiterkeit,
jetzt und an allen Tagen.

## Nicht ablenken lassen

Es waren einmal viele Tiere auf dem Weg zum Himmel. Ein Weiser mit dem gleichen Ziel schloss sich ihnen an und fragte sie nach ihrem Leben.
Da zählte ein Fuchs seine Abenteuer auf, ein Eichhörnchen berichtete von seinem beweglichen Dasein, eine Schleie schwamm ihr Leben in großen Zügen vor, ein Hahn tat sich wichtig mit seinen Pflichten, ein Regenwurm murmelte dunkle Dinge, und ein Floh wusste viel Menschliches.
Als es aber an der Eidechse war zu reden, schwieg sie. Der Weise wartete, die Eidechse schwieg, der Weise gab ihr gute Worte, die Eidechse schwieg, der Weise bot seine ganze Weisheit auf, die Eidechse schwieg noch immer. Schließlich, als sie schon dem Himmel nahe waren, züngelte sie ein bisschen, blinzelte einmal und sagte: „Ich habe mich gesonnt."

Nur die Eidechse schafft es, ganz bei sich zu bleiben, sich nicht ablenken zu lassen. Warum soll sie sich denn ablenken lassen von so einem nervigen Fragensteller – der kann warten. Und wer motiviert die Eidechse zu diesem selbstbewussten Verhalten? Es ist die Sonne, die wohltuende Sonne.

## Segen

Gott berühre dich segnend
mit den Strahlen seiner Liebe.

Gott erfrische dich mit den Morgenstrahlen
einer ganz persönlichen Hoffnung.

Gott stärke dich mit der Mittagsglut
zur Erfüllung all deiner Aufgaben.

Gott senke Ruhe in dein Herz
mit den letzten Strahlen des Abends
und segne deine Träume.

## Einsam – gemeinsam

Und wenn wir wieder von der Einsamkeit reden, so wird immer klarer, dass das im Grunde nichts ist, was man wählen oder lassen kann. Wir sind einsam. Man kann sich darüber täuschen und tun, als wäre es nicht so. Das ist alles. Wie viel besser ist es aber, einzusehen, dass wir es sind, ja geradezu, davon auszugehen.

*Rainer Maria Rilke*

Die Einsamkeit hat mich gelehrt, dass das Zusammensein mit anderen etwas ziemlich Schönes ist, und das Zusammensein mit anderen hat mich gelehrt, dass die Einsamkeit etwas ziemlich Schönes ist, und so habe ich viel Abwechslung und ein ziemlich schönes Leben.

*Günter Radtke*

## Segen

Sei gesegnet mit der Kraft zum Alleinsein,
um das zu spüren, was für dich dran ist.

Sei gesegnet mit einem Zu-zweit-Sein,
dass ihr euch gegenseitig stärkt und Lebensfreude schenkt.

Sei gesegnet mit einem Zu-dritt-Sein,
dass Freunde und Freundinnen deinem Leben Weite schenken.

Sei gesegnet mit einer Gemeinschaft,
in der du dich zu Hause fühlst,
die dir zur Kraftquelle wird.

Sei gesegnet mit dem Fest des Lebens,
um gemeinsam
all das zu genießen,
was dir anvertraut ist.

## Gott, wie heißt er denn?

Nikos Kazantzakis, der griechische Schriftsteller und Autor des Buchs und Films „Alexis Sorbas“, erzählt folgende Geschichte:
Wir hielten vor einem kleinen türkischen Kloster, in dem Derwische lebten, die jeden Freitag tanzten. Wir traten in den Hof. Aus einer Zelle kam ein Derwisch auf uns zu. Er legte grüßend die Hand auf die Brust, auf die Lippen, auf die Stirn. Wir setzten uns. Der Derwisch sprach von den Blumen, die wir rundum sahen, und vom Meer, das zwischen den spitzen Blättern des Lorbeerbaumes blitzte. Später begann er über den Tanz zu sprechen: „Wenn ich nicht tanzen kann, dann kann ich nicht beten. Ich spreche durch den Tanz zu Gott.“ Da fragte ich: „Was für einen Namen gebt ihr Gott, Ehrwürden?“ „Er hat keinen Namen“, antwortete der Derwisch. „Gott kann man nicht in einen Namen pressen. Der Name ist ein Gefängnis, Gott ist frei.“ „Wenn ihr ihn aber rufen wollt? Wenn es notwendig ist, wie ruft ihr ihn?“ „Ach“, antwortete er. „Nicht Allah. ‚Ach!‘ werde ich ihn rufen.“ Ich erbebte. „Er hat recht“, murmelte ich.

*Nikos Kazantzakis*

An wen glauben wir eigentlich, wir Juden, wir Muslime, wir Christen?
Glauben wir an drei verschiedene Götter, oder glauben wir letztlich alle an einen Gott? Doch wenn wir alle an einen Gott glauben, wie müssten wir uns dann gegenseitig wahrnehmen?

## Segen

Es sollen im Namen des Friedens,
der aus Gott ist, gesegnet sein
die Menschen aller Länder.

Es sollen gesegnet sein Himmel und Erde,
Pflanzen und Tiere.

Es sollen gesegnet sein Freund und Feind,
damit sie Brüder werden und Schwestern.

Es sollen gesegnet sein
Menschen aus Ost und West, aus Süd und Nord,
damit sie Frieden schließen und Freundschaft,
ein für alle Mal.

Es sollen gesegnet sein,
Juden, Muslime, Hindus, Buddhisten und Christen,
damit sie eins werden in Gott.

Es sollen gesegnet sein
die Kinder auf allen Kontinenten,
damit sie sich als Geschwister verstehen,
die alle in gleicher Weise vom Himmel geliebt sind.

*In Anlehnung an einen Segenstext von Jörg Zink*

## Der Geist weht, wo er will

Jetzt ist der Himmel aufgetan,
jetzt hat er wahres Licht!
Jetzt schauet Gott uns wieder an
mit gnädigem Gesicht.

Jetzt scheinet die Sonne der ewigen Wonne!
Jetzt lachen die Felder, jetzt jauchzen die Wälder.

Jetzt ist man voller Fröhlichkeit.
Jetzt ist die Welt voll Herrlichkeit
und voller Ruhm und Preis.

Jetzt ist die wahre, goldne Zeit wie einst im Paradeis.
Drum lasset uns singen mit Jauchzen und Klingen,
frohlocken und freuen;
Gott in der Höh sei Lob und Ehr.

*Angelus Silesius*

„Der Geist weht, wo er will" (Johannesevangelium 3,8). Er beflügelt, er lässt träumen, er beseelt, er treibt hinaus: als Freigeist, als Schöpfergeist, als Schöngeist, als Feuergeist, als Lebensgeist, als Gemeinschaftsgeist, als Zeitgeist. „Der Geist weht, wo er will", du hörst ihn rauschen, aber du weißt nicht, woher er kommt und wohin er geht.

## Segen

Der Geist der Schöpfung
sei dir stets spürbar nahe.

Der Geist des Vertrauens
vertreibe deine Ängste.

Der Geist des Lebens
stärke dein Rückgrat.

Der Geist der Weisheit
sei dir Ratgeber.

Der Geist der Liebe
durchglühe dein Herz.

Der Geist des Friedens
durchdringe alles,
heute, morgen und allezeit.

## Zufall oder Gotteserfahrung

Der Arzt machte ein bedenkliches Gesicht. Seit zehn Tagen liegt sein Patient, Herr Neuhaus, in unverändert kritischem Zustand im Bett. Die Verbrennungen breiten sich über so große Teile seines Körpers aus, dass das Überleben fraglich ist. Herr Neuhaus spürt genau, wie es um ihn steht. Verzweiflung und Hoffnung wechseln. Jeden Tag macht er wieder neu mit sich selbst aus, ob er sein Leben aufgeben oder darum kämpfen soll, am Leben zu bleiben. Laut schreit er seine Gebete zum offenen Fenster hinaus: „Gott, wenn es dich gibt, so zeige deine Macht jetzt, da ich dich brauche!"
Vier Tage später schüttelt der untersuchende Arzt den Kopf. Er misst den Blutdruck ein zweites Mal. Dreimal schaut er die Laborwerte an. Schließlich fragt er: „Was ist geschehen, Herr Neuhaus? Von einem Tag auf den anderen sind alle Werte viel besser. Ihr Überleben scheint gesichert. Was ist mit Ihnen geschehen?"
Herr Neuhaus lächelt. „Ja, es ist etwas geschehen – gestern – gestern Nachmittag. Mein sechsjähriger Enkel hat mich besucht. Er hat zu mir gesagt: ‚Großvati, jetzt musst du wirklich bald nach Hause kommen, mein Fahrrad ist kaputt!'"

*Martin Lienhard*

Ist das die Art und Weise, wie sich Gott erfahren lässt? Dass da auf einmal im Leben eine Lücke ist, ein Zufall, eine Sternschnuppe, ein Lichtfunken, eine Begegnung, ein Satz, ein Wort, etwas, was direkt in unser Herz fällt. Wo nur der, der es erfährt, weiß oder ahnt: Das war Gott. Alle anderen schauen ihn voller Zweifel an.

## Segen

Sei gesegnet mit der Frische des Frühlings
im Garten deiner Seele.

Sei gesegnet mit der Kraft der Keime,
die sich zum Licht emporstrecken.

Sei gesegnet mit der Fähigkeit der Blüten,
sich voll zu entfalten.

Sei gesegnet mit dem Klang des Himmels,
der in allen Dingen ruht.

Sei gesegnet mit dem Lied des Lebens,
das mehr als 1000 Strophen kennt.

Sei gesegnet mit jedem Morgen,
an dem sich deine Augen öffnen.

## Zweifler willkommen

Ein Mann, der viel vom Leben kennengelernt hatte, starb und fand sich vor den Toren der Ewigkeit wieder.

Ein Engel des Lichtes näherte sich ihm und sprach:
„Du darfst nicht weitergehen, du Sterblicher,
bevor du mir nicht bewiesen hast,
dass du würdig bist,
das Paradies zu betreten."

Aber der Mann antwortete:
„Moment mal, Moment mal, Engel!
Zuallererst: Kannst du mir beweisen,
dass das hier ein wirklicher Himmel ist
und nicht nur eine sehnsüchtige Einbildung meines durch den Tod verwirrten Geistes?"

Noch bevor der Engel antworten konnte,
erklang aus dem Inneren des Himmels eine Stimme:

„Lass ihn rein – er ist einer von uns!"

*Marco Aldinger*

## Segen

Sei gesegnet mit deinem Zweifel,
da dir vieles so fragwürdig erscheint.

Sei gesegnet mit deiner Skepsis,
wenn dir etwas zu glatt vorkommt.

Sei gesegnet mit deinem Widerspruch,
wenn alle in ein Horn blasen.

Sei gesegnet mit deinem Misstrauen,
wenn allzu laut „hier“ geschrien wird.

Sei gesegnet mit einem Urvertrauen,
in dem Bauch, Herz und Verstand „ja“ sagen.

## Geschöpf sein

Der Schöpfer des Himmels nahm

- die Rundung des Mondes,
- das Winden der Schlange,
- das Umarmen der Schlingpflanzen,
- das Zittern des Grases,
- die Schlankheit der Gerte,
- den Duft der Blumen,
- die Leichtigkeit … der Blätter,
- den Blick des Rehs,
- die Freundlichkeit … des Sonnenstrahls,
- die Geschwindigkeit des Windes,
- die Tränen der Wolken,
- die Zartheit der Flaumfedern,
- die Schreckhaftigkeit eines Vogels,
- die Süßigkeit des Honigs,
- die Eitelkeit des Pfaus,
- die Schlankheit der Schwalbe,
- die Schönheit des Diamanten
- und das Girren der Turteltaube.

All diese Eigenschaften vermengte der Schöpfer und bildete daraus ein weibliches Wesen … Und als das weibliche Wesen lebend geworden war, übertraf es alle Schöpfungen an Anmut, Liebreiz und Schönheit. Der Schöpfer gab dieses Wesen dem Manne zum Weibe, damit nunmehr die Erde bevölkert werde.

*Auszug aus einem indonesischen Märchen über die Erschaffung der Welt.*

## Segen

Sei gesegnet, du Kind der Schöpfung,
mit einer großen Freude an allem Geschaffenen.

Sei gesegnet, du Kind der Schöpfung,
mit Lust zum Spielen und Gestalten
mit all dem, was dir zur Verfügung steht.

Sei gesegnet, du Kind der Schöpfung,
mit den Kräften der Liebe
und der himmlischen Zuwendung.

Sei gesegnet, du Kind der Schöpfung,
mit einem ungebrochenen Urvertrauen,
dass du für immer in Gott geborgen bist.

## Spontan verliebt

Ein Wissenschaftler hatte zehn Jahre lang die Möglichkeit erforscht, Wasser in Petroleum zu verwandeln. Er war überzeugt, dass ihm nur eine Substanz fehlte, um die Umwandlung durchführen zu können, aber sosehr er auch suchte, er fand die Lösung nicht. Eines Tages erfuhr er, dass in den Bergen von Tibet ein allwissender Lama leben sollte, der ihm das Geheimnis der Verwandlung von Wasser in Petroleum offenbaren könnte. Es gab jedoch drei Vorbedingungen: Er musste allein reisen, und die Reise sei gefährlich. Zweitens musste er zu Fuß reisen, und die Reise sei beschwerlich, und drittens, wenn er je bis zum Lama vordringen sollte, dann dürfe er nur eine einzige Frage stellen. Nun brauchte er viele entbehrungsreiche und gefährliche Monate, um die beiden ersten Bedingungen zu erfüllen. Als er dann schließlich zum Lama geführt wurde, da stelle man sich sein Erschrecken vor, als er dort keinen verhutzelten alten Mann vor sich sah, sondern eine attraktive junge Frau … Sie lächelte ihn liebevoll an und sagte mit einer himmlisch klingenden Stimme: „Herzlichen Glückwunsch, Reisender! Ihr habt den Weg zu unserem Bergdomizil gefunden. Wie lautet nun deine Frage?“ Zu seinem eigenen großen Erstaunen hörte sich der Forscher sagen: „Madame, darf ich Sie fragen, ob Sie verheiratet sind?“

*Anthony de Mello*

## Segen

Sei gesegnet als Frau
mit all dem, was dein Frausein aufblühen lassen kann.

Sei gesegnet als Mann
mit all dem, was dein Mannsein beflügeln kann.

Seid gesegnet als Paar
mit all dem, was eure Liebe nähren und beglücken kann.

Seid gesegnet als Enttäuschte
mit all dem, was die Wunden eurer Herzen heilt.

So sei gesegnet von Gott,
dem Ursprung der Liebe –
von dem Gott,
der auf immer dir zugewandt bleibt.

## Wer war Jesus?

Einmal, alle 100 Jahre,
trifft Jesus von Nazareth
den Jesus der Christen
in einem Garten
zwischen den Hügeln des Libanon.

Und sie sprechen lange;
sehr, sehr lange;
und jedes Mal geht Jesus von Nazareth fort,
indem er zum Jesus der Christen sagt:

Mein Freund,
ich fürchte,
wir werden niemals,
niemals übereinstimmen.

*Khalil Gibran*

## Segen

Sei gesegnet wie unser Menschenbruder
mit einem offenen Himmel,
der sich auch dir immer wieder neu öffnet.

Sei gesegnet wie der jüdische Sohn
mit einer offenen Grundhaltung,
die allen Menschen gilt.

Sei gesegnet wie der Sohn der Maria
mit einem unverwüstlichen Zugang zur Liebe,
die nie in Frage gestellt wird.

Sei gesegnet wie der Sohn des Himmels
mit einer offenen Tür zum Herzen des Vaters,
der Segen stiftet, wo ich, wo wir ihn bitter nötig haben.

## Vision

Ich seh' ein Land mit neuen Bäumen.
Ich seh' ein Haus aus grünem Strauch
und einen Fluss mit flinken Fischen.
Und einen Himmel aus Hortensien seh' ich auch.

Ich seh' ein Licht von Unschuld weiß
und einen Berg, der unberührt.
Im Tal des Friedens geht ein junger Schäfer,
der alle Tiere in die Freiheit führt.

Ich hör ein Herz, das tapfer schlägt
in einem Menschen, den es noch nicht gibt,
doch dessen Ankunft mich schon jetzt bewegt,
weil er erscheint und seine Feinde liebt.

Das ist die Zeit, die ich nicht mehr erlebe.
Das ist die Welt, die nicht von uns'rer Welt.
Sie ist aus feinstgesponnenem Gewebe,
und, Freunde, glaubt und seht: Sie hält.

Das ist das Land, nach dem ich mich so sehne,
das mir durch Kopf und Körper schwimmt,
mein Sterbenswort und meine Lebenskantilene,
dass jeder jeden in die Arme nimmt.

*Hanns-Dieter Hüsch*

## Segen

Sei gesegnet mit Freude an Mutter Erde,
mit all dem, was blüht und grünt
und Früchte trägt.

Sei gesegnet von Gott dem Vater
mit all dem, was träumen lässt
von Freiheit und Frieden
in dieser Welt.

Sei gesegnet von Gott dem Sohn
mit all dem, was aufrichtet,
was Herzen berührt
und Sehnsucht stillt.

Sei gesegnet von Gott dem Geist
mit all dem, was Freude macht,
was Sinn stiftet
und Glück bereitet in aller Welt.

Sei gesegnet mit Schwestern und Brüdern,
mit all dem, was wir gern teilen
an Fest, Freude und Gesang,
möglichst ein Leben lang.

## Die Weisheit der Muschel

Es war einmal eine Muschelkolonie. Sie lebte irgendwo an einem schönen Strand am Meer. Sie waren alle glücklich und überaus lebendig – Großmutter Muschel, Großvater Muschel, Vater und Mutter, die Muschelkinder und alle anderen möglichen Verwandten. Eines Tages geschah es, dass sich eine kleine Muschel bei der Nahrungsaufnahme verletzte, indem ein kleiner Stein beim starken Wellengang in die Muschel eindrang. Der Schmerz war so heftig, dass sich die kleine Muschel ganz verschloss. Für alle, die mit der kleinen Muschel lebten, war das Unglück auch ein großer Schreck. Denn die kleine Muschel war ganz anders geworden. Sie lag nur noch so da und wollte sich überhaupt nicht mehr am Leben freuen. Alle anderen Muscheln versuchten, die Kleine zu motivieren, sie solle doch wenigstens weinen oder klagen oder versuchen sich zu öffnen. Doch die kleine Muschel mochte nicht. Denn jedes Mal, wenn sie es versuchte, spürte sie diesen tiefen Schmerz. So verging viel Zeit. Doch dann, plötzlich, niemand wusste warum, versuchte die kleine Muschel, sich ganz langsam zu öffnen, immer in Bereitschaft, bei Schmerzen sich wieder zu verschließen. Doch die kleine Muschel war selber erstaunt, es tat gar nichts mehr weh. Im Gegenteil, sie spürte, dass mit ihr etwas ganz Wunderbares geschehen war. Auch alle anderen Muscheln kamen, um die kleine Muschel zu beglückwünschen, da es etwas Wunderschönes zu sehen gab. Dort, wo der kleine Stein die Muschel verletzt hatte, dort glitzerte und funkelte eine wunderschöne Perle.

*Weisheitsgeschichte nach Jorgos Canacakis*

## Segen

Sei gesegnet mit Erinnerungen
aus dem unendlichen Meer
der Menschheitsgeschichte.

Sei gesegnet mit einem Blick
für die Schätze in deiner Seele.

Sei gesegnet mit heilenden Kräften,
die Leid in Reichtum des Herzens verwandeln.

Sei gesegnet mit all dem,
was dein Leben rund macht
zur Freude all derer,
die mit dir das Leben teilen.

## Engel

Der Engel bei Bolt an der Ecke,
der hat heute viel zu tun:
Die Kinder vom Stadtrandviertel,
die rennen auf raschen Schuhn.

Sie laufen hinter dem Ball her,
der Ball, der rollt und rollt.
Doch die Autos sieht nur der Engel,
der steht, wie gesagt, bei Bolt,

bei Bolt, dem Schuhwarenladen,
da steht der Engel und wacht.
Er schwingt seinen Stock und gibt auf
die spielenden Kinder acht.

Man weiß, er heißt Gottlieb Zille.
Und sieht auch genau so aus,
mit Bart und Zigarre und Brille:
der Rentner vom Hinterhaus.

*Rudolf Otto Wiemer*

## Segen

Ein Engel komme dir entgegen,
um dich in die Arme zu schließen,
wenn dir Liebe fehlt.

Ein Engel sei vor dir,
um dir den rechten Weg zu zeigen.

Ein Engel sei neben dir,
wenn Einsamkeit dich quält.

Ein Engel sei hinter dir,
um dich zu beschützen,
wenn andere etwas gegen dich vorhaben.

Ein Engel sei unter dir,
um dich aufzufangen,
wenn du fällst.

Ein Engel sei in dir,
um dich zu trösten,
wenn die Traurigkeit nicht von dir weichen will.

Ein musischer Engel sei dir nahe,
mit Liedern,
die dich durch deine Tage begleiten.

## Keine Frage mehr

Die Juden einer kleinen Stadt in Russland erwarteten ungeduldig die Ankunft eines Rabbi. Denn das kam nicht oft vor, und deshalb dachten sie lange über die Fragen nach, die sie dem heiligen Mann stellen wollten. Als er schließlich kam und sie mit ihm in der großen Halle der Stadt zusammentrafen, konnte er die Spannung spüren, mit der sie seine Antworten auf ihre Fragen erwarteten. Zuerst sagte er nichts. Er blickte ihnen nur in die Augen und summte dabei eine schwermütige Melodie. Bald begannen alle zu summen. Er fing an zu singen, und alle sangen mit ihm. Er wiegte seinen Körper und tanzte mit feierlichen abgemessenen Schritten. Die Gemeinde folgte seinem Beispiel. Bald waren sie so sehr von dem Tanz gefangen, so sehr in die Bewegungen vertieft, dass sie auf nichts anderes mehr achteten. Fast eine Stunde verging, ehe der Tanz langsam aufhörte. Die Spannung in ihrem Inneren war gewichen, und jeder verharrte in dem schweigenden Frieden, der den Raum füllte. Dann sagte der Rabbi die einzigen Worte, die an jenem Abend über seine Lippen kamen: „Ich hoffe, ich habe eure Fragen beantwortet."

*Chassidische Geschichte*

Fragen, Anspannung und seelischer Stress. Und dann ein Summen, eine Melodie, ein paar Schritte, ein Tanz, ein Sichfallenlassen in ein himmlisches Geschehen. Am Ende befreite Seligkeit.

## Segen

Gesegnet sei dein Herzraum
mit der spürbaren Gegenwart Gottes.

Gesegnet sei dein Atemraum
mit einer großen Freiheit zum Durchatmen.

Gesegnet sei dein Kopfraum
mit Gedanken, die niemals die Liebe vergessen.

Gesegnet sei dein Bauchraum
mit Intuitionen, die dem Leben dienen.

Gesegnet sei dein Seelenraum
mit Träumen, die den Garten Eden auf diese Erde malen.

## Wertgefühl

Am Hofe gab es starke Leute und gescheite Leute,
der König war ein König,
die Frauen waren schön
und die Männer mutig,
der Pfarrer war fromm
und die Küchenmagd fleißig –
nur Colombin, Colombin war nichts.

Wenn jemand sagte: „Komm, Colombin, kämpf mit mir“,
sagte Colombin: „Ich bin schwächer als du.“

Wenn jemand sagte: „Wie viel gibt zwei mal sieben?“,
sagte Colombin: „Ich bin dümmer als du.“

Wenn jemand sagte: „Getraust du dich, über den Bach zu springen?“,
sagte Colombin: „Nein, ich getraue mich nicht.“

Und wenn der König fragte: „Colombin, was willst du werden?“,
antwortete Colombin:
„Ich will nichts werden, ich bin schon etwas,
ich bin Colombin.“

*Peter Bichsel*

## Segen

Sei gesegnet von einem mütterlichen Geist
mit dem Wertgefühl,
unendlich geliebt zu sein.

Sei gesegnet von einem väterlichen Geist
mit dem Wertgefühl,
Kind einer Familie zu sein.

Sei gesegnet von einem brüderlichen Geist
mit dem Wertgefühl,
ein wirkliches Gegenüber zu sein.

Sei gesegnet von einem schwesterlichen Geist
mit dem Wertgefühl,
niemals vergessen zu sein.

Sei gesegnet von einem freundschaftlichen Geist
mit dem Wertgefühl,
Teil einer Gemeinschaft zu sein.

Sei gesegnet von Gott dem Geist
mit dem Vertrauen,
auch ein Erbe des Himmels zu sein.

## Recht oder Weisheit

Nasrudin versieht zum ersten Mal das Amt des Richters. Zwei Männer kommen zu ihm und klagen einander an. Der Kläger argumentiert so überzeugend, dass Nasrudin ausruft: „Ja, Sie haben recht!"
Der Gerichtsschreiber mahnt Mulla Nasrudin, sich zurückzuhalten, schließlich sei der Angeklagte ja noch nicht gehört worden.
Dann tritt die Person, über die sich der erste Mann beschwert hat, vor und argumentiert genauso überzeugend. Nasrudin wird von der Beredsamkeit des Angeklagten so mitgerissen, dass er, kaum hat der Mann seine Aussage beendet, ausruft: „Sie haben recht!"
Der Gerichtsschreiber kann das nicht zulassen: „Euer Ehren, in einem Prozess kann nicht der Kläger und der Beklagte im Recht sein." Nasrudin entgegnet: „Das nenne ich den Nagel auf den Kopf treffen. Ja, Sie haben recht!"

*Marco Aldinger*

## Segen

Sei gesegnet mit Sensoren,
die mehr hören als Worte.

Sei gesegnet mit Spürsinn
für das, was verschwiegen wird.

Sei gesegnet mit einem wachen Geist
für die Mitteilungen auf einer zweiten Spur.

Sei gesegnet mit Weisheit,
das zu vermitteln, was weiterbringt
und Frieden stiftet.

# Fasziniert sein

Ich bin jetzt über 93 Jahre alt, also nicht gerade jung, jedenfalls nicht mehr so jung, wie ich mit 90 war. Alter ist überhaupt etwas Relatives. Wenn man weiterarbeitet und empfänglich bleibt für die Schönheit der Welt, die uns umgibt, dann entdeckt man, dass Alter nicht notwendigerweise Altern bedeutet, wenigstens nicht im landläufigen Sinne.
Ich empfinde heute viele Dinge intensiver als je zuvor, und das Leben fasziniert mich immer mehr.

*Pablo Casals*

## Segen

Sei gesegnet von Gott mit wachen Augen,
um das zu entdecken,
was dein Leben beflügelt.

Sei gesegnet von Gott mit Störungen,
die dich ablenken vom Alltagstrott
für geheimnisvolle Entdeckungen.

Sei gesegnet von Gott mit Mut,
das anzunehmen,
was der Himmel dir zuspielt.

Sei immer wieder neu gesegnet
mit all dem, was der Himmel deinen Träumen erzählt,
bis zum Ende deiner Tage.

## Wache Sinne

Ich sehe den sanften Wind in den Lärchen
gehen und höre das Gras wachsen,
und andere sagen:
Keine Zeit!

Ich sehe den wilden Wassern zu
und den Wolken über den Bergen,
und andere sagen:
Wozu?

Ich sehe den Schmetterlingen nach
und den spielenden Kindern,
und andere sagen:
Na und?

Ich kann mich nicht sattsehen
an allem, was ist,
und andere sagen:
Was soll's?

Ich bewundere dich, o mein Gott,
in allem, was lebt,
und andere sagen:
Wieso?

*Lothar Zenetti*

## Segen

Sei gesegnet mit wachen Augen,
einem Blick für all das Schöne,
was dem Leben dient.

Sei gesegnet mit offenen Ohren,
einem Gehör für alles,
was das Herz erwärmt.

Sei gesegnet mit einer zarten Nase,
einem Riechsinn für alles,
was Wohlgefühle weckt.

Sei gesegnet mit einem empfindlichen Gaumen,
einem Geschmackssinn für alles,
was das Leben verfeinert.

Sei gesegnet mit einer feinnervigen Haut,
einem Gespür für alles,
was dich wohltuend berührt.

So seien gesegnet all deine Sinne
zu allen Jahreszeiten deines Lebens.

## Garten sein

Eine alte Geschichte aus Nordafrika erzählt von einem Beduinen, der sich immer wieder der Länge nach auf den Boden legt und sein Ohr in den Wüstensand drückt. Stundenlang horcht er in die Erde hinein.
Verwundert fragt ihn ein Europäer: „Was machst du da eigentlich auf der Erde?"
Der Beduine erhebt sich und antwortet: „Freund, ich horche, wie die Wüste weint, sie möchte so gerne ein Garten sein."

*Aus Nordafrika*

So geschieht es mitunter. Ein Regen ergießt sich über die Wüste, und sie ergrünt, wandelt sich zu einem Blütenmeer, so als wenn sie voller Sehnsucht nur darauf gewartet hätte, dass er endlich fällt, der himmlische Segen-Regen, um ihr grünes Kleid anzulegen, geschmückt mit Blumen zum Tanz in ihren Wüstennächten.

Eine Metapher, ein Abbild für die Zeiten in unserem Leben, in denen wir unsere Innenwelt wie eine Wüste erfahren.

## Segen

Sei gesegnet von dem Gott,
der keine Wüste auslässt,
um die zu finden,
die sich verloren haben.

Sei gesegnet von dem Gott,
der im Wüstensand zu Hause ist,
in jedem Samenkorn,
das sich nach Leben sehnt.

Er stärke dich mit Zuversicht,
dass der Garten in deiner Seele
das empfängt, was er zum Leben braucht.

Er erfreue dich mit dem Blick
auf das, was in dir grünt und blüht,
was dürres Land zu einem Garten macht.

## Gelassenheit

Als der Meister gefragt wurde, ob es ihn denn nicht entmutige, dass all seine Mühe anscheinend kaum Früchte trug, da erzählte er die Geschichte von einer Schnecke, die an einem kalten, stürmischen Tag im späten Frühjahr aufbrach, um am Stamm eines Kirschbaums emporzuklettern.
Die umtriebigen Spatzen auf dem Nachbarbaum lachten über das Vorhaben der Schnecke.
Da flog ein Spatz auf die Schnecke zu und piepste sie an: „He, du Dummkopf, siehst du nicht, dass auf dem Baum keine Kirschen sind?"
Doch die Schnecke ließ sich nicht aufhalten und sagte: „Macht nichts, bis ich oben bin, sind welche dran."

*Anthony de Mello*

## Segen

Sei gesegnet, um dir Zeit zu lassen,
wenn dir etwas zu langsam erscheint.

Sei gesegnet, um loszulassen,
wenn du dich in etwas verbissen hast.

Sei gesegnet, um etwas liegen zu lassen,
wenn deine Kraft nicht mehr reicht.

Sei gesegnet, um etwas offen zu lassen,
wenn Geschlossenes dir Unbehagen bereitet.

Sei gesegnet, um dich frei zu lassen,
wenn allzu viele Zwänge dein Leben behindern.

Sei rundum gesegnet mit Gelassenheit
in dem Vertrauen auf den Himmel,
der dir zugeneigt ist.

## Berührt werden

Erst seit du mich kennst,
kenn ich mich selbst.

Einst war mein Körper mir fremd
wie ein entlegener Erdteil,
und ich kannte von mir weder Osten noch Süden.

Einsam war meine Schulter, ein ferner Fels,
bis deine Hand sie berührte:
Da erst fühlte ich mich.

Als dein Blick mich berührte,
entdeckte ich meine Augen.
Als deine Lippen mich berührten, entdeckte ich meinen Mund.
Als unsere Wege sich berührten,
ahnte mein Fuß seinen Lauf.
Als unsere Seelen sich berührten,
spürte mein Herz seinen Schlag.

O wie liebe ich mich, seit du mich liebst!

*In Anlehnung an einen Text von Ivan Goll*

Man stelle sich vor, nie hätte uns jemand berührt. Niemals hätte eine Mutterhand uns berührt, nie eine Vaterhand, nie die Hand einer Freundin, nie die Hand eines Freundes, nie die Hand eines Menschen, der uns liebt.
Wären wir dann das, was wir jetzt sind?
Oder wären wir verkümmerte, kränkelnde, leidende Wesen?

## Segen

Sei berührt durch liebevolle Blicke,
dass du durch sie gesegnet bist.

Sei berührt durch stärkende Worte,
dass du durch sie gesegnet bist.

Sei berührt durch zauberhafte Klänge,
dass du durch sie gesegnet bist.

Sei berührt durch zärtliche Hände,
dass du durch sie gesegnet bist.

Sei berührt durch wohltuende Düfte,
dass du durch sie gesegnet bist.

Sei berührt durch köstliche Speisen,
dass du durch sie gesegnet bist.

So seien gesegnet
deine Sinne, deine Haut und dein Herz,
jetzt und alle Tage.

## Leib und Seele ehren

Gottlob! dass ich auf Erden bin
Und Leib und Seele habe;
Ich danke Gott in meinem Sinn
Für diese große Gabe.
Der Leib ist mir doch herzlich lieb
Trotz seiner Fehl und Mängel,
Ich nehme gern mit ihm vorlieb
Und neide keinen Engel.
Ich küsse gern mein braunes Weib
Und meine lieben Kinder,
Und das tut wahrlich doch mein Leib,
Und mir ist es gesünder,
Als wenn ich mit Philosophie
Die Seele mir verdürbe,
Denn ein klein wenig Not macht sie,
Die liebe Weisheit, mürbe.

*Novalis*

Gottlob haben wir nicht mehr die Vorstellung, dass der Körper ein Gefängnis der Seele sei oder, schlimmer noch, die Vorstellung des alten Philosophen Platon, der den Körper als Grab der Seele verstanden hat.
Längst verstehen wir Leib und Seele als eine Einheit, doch in der Praxis, im Lebensvollzug sieht es oft so aus: Die einen beuten ihren Körper aus, die anderen missachten ihre Seele. Doch beide verlangen nach unserer Aufmerksamkeit.

## Segen

Gesegnet sei dein Leib,
dass du dich wohlfühlst in ihm.

Gesegnet sei dein Herz,
dass es fröhlich schlage in deiner Brust.

Gesegnet seien deine Füße,
dass sie dich beschwingt auf deinem Weg tragen.

Gesegnet seien deine Hände,
dass du mit Lust ins Leben greifen kannst.

Gesegnet sei deine Haut,
dass sie zärtliche Berührungen wahrnehmen kann.

Gesegnet seien dein Leib und deine Seele
am Morgen, am Mittag und am Abend deines Lebens.

## Zerstörter Ruf

In einem Fischerdorf bekam ein Mädchen ein uneheliches Kind, und nach vielen Schlägen gab sie endlich den Namen des Mannes preis, der sie geschwängert hat: der Zen-Meister, der den ganzen Tag im Tempel außerhalb des Dorfes meditierte. Die Eltern des Mädchens, begleitet von vielen Dorfbewohnern, begaben sich zu dem Tempel, unterbrachen rücksichtslos die Meditation des Meisters, beschimpften ihn wegen seiner Heuchelei und erklärten, da er der Vater des Kindes sei, solle er nun auch die Last der Erziehung tragen. Der Meister antwortete nur: „Sehr gut, sehr gut." Als die Menge abgezogen war, hob er das Baby vom Boden auf und vereinbarte mit einer Frau aus dem Dorf, das Kind auf seine Kosten zu ernähren und zu kleiden. Der Ruf des Meisters war ruiniert. Niemand kam mehr zu ihm, um sich von ihm unterweisen zu lassen.
Als schließlich ein ganzes Jahr vergangen war, konnte es das Mädchen, das das Kind geboren hatte, nicht mehr länger aushalten und bekannte, dass sie gelogen hatte. Der Vater des Kindes war der Nachbarjunge. Die Eltern und Dorfbewohner waren sehr zerknirscht. Sie warfen sich dem Meister zu Füßen, um seine Vergebung zu erhalten, und baten, ihnen das Kind zurückzugeben. Und er sagte wieder nichts weiter als: „Sehr gut, sehr gut."

*Anthony de Mello*

## Segen

Sei gesegnet mit der Nähe Gottes,
wenn dein Ruf zerstört wird.

Sei gesegnet mit himmlischen Kräften,
wenn der Boden unter deinen Füßen wegbricht.

Sei gesegnet mit einem festen Herzen,
wenn Fehlurteile dir den Atem rauben.

Sei gesegnet mit einem Gegenüber,
dem du dein Herz ausschütten kannst.

Sei gesegnet von dem, der weiß,
wie einsam man werden kann.

Sei gesegnet mit dem Tag,
an dem auch für dich
wieder die Sonne aufgeht.

## Gib das Leiden auf

Ein bereits älterer Mönch kam zu einem Zen-Meister und sagte: „Ich habe in meinem Leben viele, viele spirituelle Lehrer aufgesucht und nach und nach immer mehr Vergnügungen aufgegeben, um meine Begierden zu bekämpfen.
Ich habe lange Zeit gefastet, jahrelang mich dem Zölibat unterworfen und mich regelmäßig kasteit.
Ich habe alles, alles getan, was von mir verlangt wurde, und ich habe wahrhaft gelitten. Doch die Erleuchtung wurde mir nicht zuteil.
Ich habe alles aufgegeben, jede Gier, jede Freude, jedes Streben fallengelassen. Was soll ich jetzt noch tun?"
Der Meister schaute ihn liebevoll an und erwiderte:
„Du, gib das Leiden auf!"

*Marco Aldinger*

## Segen

Gott sei vor dir,
um dir deinen Weg zu zeigen.

Gott sei neben dir,
um dir alle Angst zu nehmen.

Gott sei hinter dir,
so dass dich nichts und niemand anfallen kann.

Gott sei unter dir
und trage dich mit all der Schwere deines Lebens.

Gott sei über dir
und öffne dir immer wieder den Himmel.

Gott sei um dich herum
wie ein Garten, der dich entzückt.

Gott sei in dir
und schenke dir ein ruhiges Herz.

So sei rundum gesegnet von Gott,
dem mütterlichen Vater.

## Auf den Leib hören

Da ich gerade einen Hörsturz und die Entfernung meiner Gallenblase hinter mir habe, zwei Krankheiten, die meiner Einschätzung nach großartig zu einem Komiker passen, ist es für mich allerhöchste Zeit zum Umdenken – Zeit für eine Pilgerreise.
Über Monate nicht auf die innere Stimme zu hören, die einem das Wort „PAUSE!“ förmlich in den Leib brüllt, sondern vermeintlich diszipliniert weiterzuarbeiten, rächt sich halt – indem man einfach gar nichts mehr hört.

*Hape Kerkeling*

## Segen

Sei gesegnet mit deinem Leib,
so dass du dich wohlfühlst in dir.

Sei gesegnet mit deinem Herzen,
so dass es fröhlich schlage in deiner Brust.

Sei gesegnet mit deinen Füßen,
so dass du deinen Weg findest.

Sei gesegnet mit deinen Händen,
so dass du Lust hast,
weiterhin ins Leben zu greifen.

Sei gesegnet mit deiner Haut
so dass du immer spürst,
was Liebe heißt.

So sei dein Leib gesegnet,
jetzt, morgen und allezeit.

## Dem Herzen folgen

Die Familie war um den Esstisch versammelt. Der älteste Sohn kündigte an, er werde das Mädchen von gegenüber heiraten.

„Aber ihr verstorbener Vater hat ihr nicht einen Cent hinterlassen", sagte der Vater missbilligend. „Und sie selber hat nicht einen Euro gespart", ergänzte die Mutter. „Sie versteht nichts vom Fußball", sagte der jüngere Bruder. „Ich habe noch nie ein Mädchen mit solch komischer Frisur gesehen", sagte die Schwester. „Sie tut nichts als Romane lesen", sagte der Onkel. „Und sie zieht sich geschmacklos an", sagte die Tante. „Und auf ihrem Gesicht trägt sie nur Puder und Schminke", sagte die Großmutter. „Alles richtig", sagte der betroffene Sohn, „aber sie hat, verglichen mit uns, einen riesigen Vorteil." –

„Und der wäre?", wollten alle wissen.

„Sie hat keine Familie."

*Anthony de Mello*

## Segen

Sei gesegnet mit einem wohlklingenden Herzraum,
in dem die Stimme Gottes deutlich vernehmbar ist.

Sei gesegnet mit einem weiten Atemraum,
der dir Freiräume des Lebens möglich macht.

Sei gesegnet mit einem freundlichen Denkraum,
der die Anbindung des Herzens nie vergisst.

Sei gesegnet mit einem inneren Ruheraum,
wo deine Seele immer wieder Kraft tanken kann.

Gesegnet seien fortan all deine Lebensräume
zur Gestaltung deines eigenen Lebens.

## Plurales Leben

Eines Tages sagte das Auge: „Jenseits dieser Täler sehe ich einen Berg von blauem Dunst umschleiert. Ist er nicht schön?"
Das Ohr lauschte, und als es eine Weile angestrengt gelauscht hatte, sagte es: „Aber wo ist dieser Berg? Ich kann ihn nicht hören."
Dann sprach die Hand und sagte: „Vergeblich versuche ich ihn zu fühlen oder zu berühren, aber ich kann keinen Berg entdecken."
Und die Nase sagte: „Da ist kein Berg, ich kann ihn nicht riechen."
Dann sah das Auge woanders hin, und alle zusammen sprachen sie über die seltsame Täuschung des Auges. Und sie sagten: „Irgendwas ist mit dem Auge nicht in Ordnung."

*Khalil Gibran*

## Segen

Sei gesegnet mit dem,
was du siehst,
und sei gespannt auf das,
was andere wahrnehmen.

Sei gesegnet mit dem,
was du hörst,
und sei gespannt auf das,
was andere feststellen.

Sei gesegnet mit dem,
was du fühlst,
und sei gespannt auf das,
was andere erkennen.

Sei gesegnet mit dem,
was du riechst,
und sei gespannt auf das,
was andere genießen.

Seid gesegnet mit allen Sinnen,
so werdet ihr gemeinsam das finden,
was allen zum Leben dient.

## Über das Schicksal hinaus

In einem südamerikanischen Wanderzirkus sah ich mal einem alten Jongleur zu.
Er jonglierte mit seinen Zahnprothesen. Mit einem eleganten Griff nahm er die Zahnprothesen aus seinem Mund, führte seine Nummer vor und setzte die Zahnprothesen danach mit einem kunstvollen Griff wieder dort ein, wo sie hingehörten.
Danach schnallte er sich sein Holzbein ab und balancierte auf der Zehenspitze dieses Holzbeins ein Tablett mit gefüllten Sektgläsern.
Zum Schluss zog er sich die Perücke von der Glatze und ließ sich, die Arena umrundend, von den Zuschauern Münzen hineinwerfen.
Dieser Mann hat, wie es scheint, seinem Schicksal eine lange Nase gezeigt.

*Gudrun Pausewang*

## Segen

Sei gesegnet mit einem Anker,
mit dem du dich festmachen kannst
an dem Ort,
an dem du innerlich bleiben möchtest.

Sei gesegnet mit Wurzeln,
die dir Kraft geben,
aufrecht den Stürmen des Lebens
gewachsen zu sein.

Sei gesegnet mit Vertrauen
in den Urgrund des Lebens,
auf dass dein Herz fest werde oder bleibe.

Sei gesegnet von der Zuwendungslust Gottes,
auf dass du in der Kraft der Liebe bleiben kannst,
die das Schicksal überwindet.

## Jahreszeiten

### Die Wälder schweigen

Die Jahreszeiten wandern durch die Wälder.
Man sieht es nicht. Man liest es nur im Blatt.
Die Jahreszeiten strolchen durch die Felder.
Man zählt die Tage. Und man zählt die Gelder.
Man sehnt dich fort aus dem Geschrei der Stadt.

Das Dächermeer schlägt ziegelrote Wellen.
Die Luft ist dick und wie aus grauem Tuch.
Man träumt von Äckern und von Pferdeställen.
Man träumt von grünen Teichen und Forellen.
Und möchte in die Stille zu Besuch.

Die Seele wird vom Pflastertreten krumm.
Mit Bäumen kann man wie mit Brüdern reden
und tauscht bei ihnen seine Seele um.
Die Wälder schweigen. Doch sie sind nicht stumm.
Und wer auch kommen mag, sie trösten jeden.

Man flieht aus den Büros und den Fabriken.
Wohin, ist gleich! Die Erde ist ja rund!
Dort, wo die Gräser wie Bekannte nicken
und wo die Spinnen seidne Strümpfe stricken,
wird man gesund.

*Erich Kästner*

## Segen

Der Frühling sei dir ein Segen
mit dem Keimen und Drängen,
dem Aufbrechen und Blühen,
mit dem zarten Grün der Hoffnung.

Der Sommer sei dir ein Segen
mit der Vollblüte und dem Reifen,
der Entfaltung und der Kraft,
mit dem hellen Gelb der Heiterkeit.

Der Herbst sei dir ein Segen
mit der Süße und dem Aroma,
der Einsicht und der Weisheit,
mit dem dunklen Rot der Liebe.

Der Winter sei dir ein Segen
mit dem Durchblick und der Fernsicht,
mit Sternenhimmel und Träumen,
mit dem Blau des Vertrauens.

Die Jahreszeiten seien dir ein Segen,
deinen Ort im Jahreskreis zu finden
mit dem, was dir entspricht,
und dem Vertrauen in den Urgrund des Lebens.

## Gesegnet auf den Berggipfeln

### *Gebet der Wildgeiß*

Gott, lass mich leben nach meiner Fantasie!

Ich brauche ein wenig wilde Freiheit, ein wenig Taumel
im Herzen
und diesen fremden Geschmack von unbekannten Blumen.

Für wen sonst wären deine Berge und dieser Wind dort oben, der Schnee, die Quellen und die Bäche?

Die Schafe verstehen nichts! Sie rupfen, sie rupfen alle und allzeit im selben Sinn, und käuen dann endlos wieder ihre geschmacklose Gewohnheit …

Ich, ich will springen inmitten deiner Schöpfungen, über deine Abgründe hinweg, ohne Namen, erschauern vor abenteuerlicher Freude
auf dem Gipfel deiner Welt.

*Carmen Bernos de Gasztold*

## Segen

Sei gesegnet im Alltag deines Lebens
mit einer lebendigen Fantasie,
die dich immer wieder in die Schöpfung entführt.

Sei gesegnet auf den Berggipfeln deines Lebens
mit einem unbändigen Glücksgefühl
über all die Höhepunkte, die dich bereits beglückt haben.

Sei gesegnet auf den Wegen deines Lebens
mit einem neugierigen Blick
für die unerschöpfliche Vielfalt und Schönheit der Natur.

Sei gesegnet in den Tälern deines Lebens
mit den Orten, an denen du wieder Kraft tanken kannst
für deine weitere Lebensreise.

## Sinnlicher Genuss

Ein ganz gewöhnlicher Abend,
wie Abende eben so sind.
Und doch ist da etwas Besonderes,
ein seltsames Flüstern im Wind.

Ich sitze und lausche den Grillen
und öffne die Augen, den Mund.
Trink mich an all den Gerüchen,
Geräuschen und Farben gesund.

Und laufe hinaus in die Heide
und werf mich der Länge nach hin.
Ich möchte jubeln und schreien
und danken dafür, dass ich bin.

*Ingo Barz*

## Segen

Gesegnet seien deine Sinne
mit all dem, was ihren Hunger stillt.

Niemals sollst du sagen müssen,
mein Leben schmeckt mir nicht.

Niemals sollst du sagen müssen,
mein Leben stinkt mir.

Niemals sollst du sagen müssen,
mein Leben ist nichts als Lärm.

Niemals sollst du sagen müssen,
mein Leben ist furchtbar anzusehen.

Niemals sollst du sagen müssen,
mein Leben fühlt sich schrecklich an.

Sei gesegnet mit einer himmlischen Fülle des Lebens,
so dass du täglich sagen kannst:
Ich danke, dass ich bin!

## Er kennt mich

Gott schaut dich, wer immer du seist,
so, wie du bist, persönlich.
„Er ruft dich bei deinem Namen“.
Er sieht dich und versteht dich, wie er dich schuf.
Er weiß, was in dir ist, all dein Fühlen und Denken,
deine Anklagen und deine Wünsche,
deine Stärke und deine Schwäche.
Er sieht dich an deinem Tag der Freude
und an deinem Tag der Trauer.
Er fühlt mit deinen Hoffnungen und Prüfungen.
Er nimmt Anteil an deinen Ängsten und Erinnerungen,
an allem Aufstieg und Abfall deines Geistes.
Er umfängt dich rings und trägt dich in seinen Armen.
Er liest in deinen Zügen, ob sie Lächeln oder Tränen tragen,
ob sie blühen an Gesundheit oder welken in Krankheit.
Er schaut zärtlich auf deine Hände und deine Füße.
Er horcht auf deine Stimme, das Klopfen deines Herzens,
selbst auf deinen Atem.
Du liebst dich nicht mehr, als er dich liebt.

*Paul Newman*

## Segen

*Hier sind Sie eingeladen, sich mit den eigenen Händen zu segnen.*

*Beide Hände auf das eigene Herz legen und dann sprechen:*
Gott segne mein Herz,
er fülle es mit Lebenskraft.

*Die Hände auf den Kopf legen:*
Gott segne meinen Kopf,
damit meine Gedanken meinem Leben dienen.

*Die Hände über den Bereich der Augen legen:*
Gott segne meine Augen,
damit sie leuchten können.

*Die Hände auf den Mund legen:*
Gott segne meinen Mund,
damit ihm das Leben schmeckt.

*Die Hände auf die Ohren legen:*
Gott segne meine Ohren,
damit sie das Nichtgesagte verstehen.

*Abschließend beide Hände zusammenlegen:*
So segne mich
der befreiende Gott,
der freundliche Sohn
und der inspirierende Geist.

## Schenke mir Weisheit

O großer Geist, dessen Stimme ich in den Winden vernehme und dessen Atem der ganzen Welt Leben spendet, höre mich.
Ich trete vor dich hin als eines deiner vielen Kinder. Ich bin klein und schwach. Ich bedarf deiner Kraft und Weisheit.
Lass mich in Schönheit wandeln und meine Augen immer den roten und purpurnen Sonnenuntergang schauen. Lass meine Hände die Dinge verehren, die du gemacht hast, und meine Ohren deine Stimme hören.
Schenke mir Weisheit, dass ich die Dinge, die du mein Volk gelehrt hast, und die Lehre, die du in jedem Blatt und jedem Felsen verborgen hast, erkennen möge.

*Gebet der Sioux*

## Segen

Gott, der du mir alles bist,
die Mütterliche und der Väterliche,
der mir Bruder ist und Schwester,
der mir Freundin ist und Freund.

Segne mich
unter der Weite des Himmels,
mit der Lebenskraft der Erde,
mit dem Atem aus der Luft,
mit der Frische des Wassers,
mit der Glut der Sonne,
mit der Wirkkraft eines Wortes.

Segne mich
mit zärtlichen Händen
und hörendem Herzen.

Segne mich,
damit ich ein Segen sein kann
für Mensch und Tier,
für Blume und Wald,
für Himmel und Erde.

## Lebendig leben

Liebe Schwestern, (liebe Brüder,) vergesst nicht,
neben dem Lernen, dem Arbeiten und Kämpfen,
der Wut und der Geduld das Billardspielen zu lernen.
Oder greift zur Gitarre, Laute, Flöte,
lernt das Kochen neu,
nicht als Pflicht, sondern
als schmatzigen, schmausigen Spaß.
Denkt euch Witze aus,
lernt erneut den Himmel sehen,
das Jauchzen beim Tanzen,
das laute Rufen, das Miteinander;
übt euch im Lieben.
Nur so werden wir, altersschwer und grau dann,
sagen können:
Ich bin lebenssatt.

*Anna Tüne*

## Segen

Sei gesegnet mit dem Traum,
die helle Seite des Lebens wieder neu zu entdecken.

Sei gesegnet mit der Lust,
das Spiel des Lebens immer wieder neu aufzunehmen.

Sei gesegnet mit der Freude,
wenn dir das Spiel des Lebens gelingt.

Sei gesegnet mit Gelassenheit,
wenn sich ein Schatten auf dich legt.

Sei gesegnet von einem offenen Himmel,
der deine Hoffnung und Sehnsucht lebendig erhält.

## Festliches Leben

Als Mahl beganns. Und ist ein Fest geworden, kaum weiß man wie. Die hohen Flammen flackten, die Stimmen schwirrten, wirre Lieder klirrten aus Glas und Glanz, und endlich aus den reifgewordenen Takten: entsprang der Tanz. Und alle riß er hin. Das war ein Wellenschlagen in den Sälen, ein Sich-Begegnen und Sich-Erwählen, ein Abschiednehmen und ein Wiederfinden, ein Glanzgenießen und ein Lichterblinden und ein Sich-Wiegen in den Sommerwinden, die in den Kleidern warmer Frauen sind. Aus dunklem Wein und tausend roten Rosen rinnt die Stunde rauschend in den Traum der Nacht.

*Rainer Maria Rilke*

Mensch, lerne tanzen, sonst wissen die Engel im Himmel mit dir nichts anzufangen.

*Augustinus*

## Segen

Sei gesegnet mit der Einladung
zum festlichen Leben.

Sei gesegnet mit denen,
die gern mit dir feiern.

Sei gesegnet mit wachen Sinnen
für das, was Freude stiftet.

Sei gesegnet mit Engeln,
die dich zum Tanz einladen.

Sei gesegnet mit dem Wunder der Liebe,
das Wasser zu Wein wandelt.

## Gott auf meiner Seite

Die Mutter ertappte ihren kleinen Sohn Philipp, als er heimlich Kekse aus der Speisekammer aß, und stellte ihn zur Rede: „Bist du dir im Klaren darüber, Philipp, dass Gott dich in der Speisekammer gesehen hat?“
„Ja“, antwortete der Kleine mit gesenktem Blick.

„Und was hat Gott zu dir gesagt?“, fragte die Mutter streng.

Da strahlte Klein Philipp über das ganze Gesicht, und es sprudelte aus ihm heraus: „Gott sagte: Niemand ist hier außer uns beiden, nimm zwei Kekse!“

*Frei nach Anthony de Mello*

Hier ist auf den Punkt gebracht, was Religion eigentlich sein sollte.
Keine Anstalt der Moral und des strengen Blicks, sondern ein Ort, an dem mit kindlichem Gemüt gespürt wird: Wenn es einen Gott gibt, dann kann der nur auf meiner Seite stehen. Wenn es einen Gott gibt, dann kann er mir nur freundlich zugewandt sein.

## Segen

Segnend berühre dich der väterliche Gott
mit der Zärtlichkeit seiner himmlischen Liebe.

Segnend berühre dich der mütterliche Gott
mit der Wärme ihrer himmlischen Zuwendung.

Segnend berühre dich der geschwisterliche Gott
mit dem Zusammenhalt in einer Krise.

Segnend berühre dich der freundschaftliche Gott
mit der Freude auf das Abenteuer des Lebens.

## Vergebung empfangen

Mahatma Gandhi berichtet aus seinem Leben:

„Ich war fünfzehn Jahre alt, als ich einen Diebstahl beging. Weil ich Schulden hatte, stahl ich meinem Vater ein goldenes Armband, um sie zu bezahlen. Aber ich konnte die Last meiner Schuld nicht ertragen. Als ich vor meinem Vater stand, brachte ich vor Scham den Mund nicht auf. Ich schrieb also mein Bekenntnis nieder. Als ich ihm den Zettel überreichte, zitterte ich am ganzen Körper.
Mein Vater las den Zettel, schloss die Augen und dann – zerriss er ihn. ‚Es ist gut', sagte er noch. Und dann nahm er mich in die Arme.
Von da an hatte ich meinen Vater noch viel lieber."

*Wolfhart Koeppen / Renate Spennhoff*

## Segen

Sei gesegnet von einem Geist der Aufrichtigkeit
mit einer ehrlichen Haut,
zu den Ungereimtheiten des Lebens zu stehen.

Sei gesegnet vom Geist der Weisheit
mit dem Mut,
eigene Verfehlungen einzugestehen.

Sei gesegnet von dem Geist der Vergebung
mit dem Licht,
das die dunklen Gefühle vertreibt.

Sei gesegnet von dem Gott der Barmherzigkeit
mit der Befreiung
zu einem unbeschwerten Leben.

So sei gesegnet jetzt und alle Tage
zu einem unbeschwerten Leben
unter einem gütigen Himmel.

## Was ist jetzt dran?

Die Christen leben wie Gänse auf einem Hof. An jedem siebten Tag wird eine Parade abgehalten, und der beredsamste Gänserich steht auf einem Zaun und schnattert über das Wunder der Gänse.

Erzählt wird von den Tagen der Vorfahren, die einst zu fliegen wagten, und gelobt wird die Gnade und Barmherzigkeit des Schöpfers, der den Gänsen Flügel und den Instinkt zum Fliegen gab.

Die Gänse sind tief gerührt, senken in Ergriffenheit die Köpfe und loben die Predigt und natürlich loben sie den beredsamen Gänserich.

Aber das ist auch alles.

Denn eines tun sie nicht – sie fliegen nicht. Sie gehen zu ihrem Mittagsmahl. Sie fliegen nicht, denn das Korn ist gut und der Hof ist sicher.

*Sören Kierkegaard*

## Segen

Sei gesegnet mit Freude an Mutter Erde,
denn sie stillt deinen Hunger,
lässt dich das Leben schmecken.

Sei gesegnet mit Frohsinn über Gott Vater,
denn er stärkt deinen Mut,
das Leben zu entdecken.

Sei gesegnet mit Glück am Menschenbruder,
denn er weckt die Liebe,
die das Leben lebenswert macht.

Sei gesegnet mit Offenheit für den Geist,
denn er schenkt dir Träume
von einer friedlichen Welt.

Sei gesegnet wie ein Engel
mit Flügeln,
um dort zu landen,
wo wahrhaft das Leben auf dich wartet.

## Zu Hause sein

Es waren zwei Mönche, die lasen miteinander in einem alten Buch, am Ende der Welt gebe es einen Ort, an dem der Himmel und die Erde sich berühren. Sie beschlossen, ihn zu suchen und nicht umzukehren, ehe sie ihn gefunden hätten. Sie durchwanderten die Welt, bestanden unzählige Gefahren, erlitten alle Entbehrungen, die eine Wanderschaft durch die ganze Welt fordert, und alle Versuchungen, die einen Menschen vom Ziel abbringen können. Eine Tür sei dort, so hatten sie gelesen, man brauche nur anzuklopfen. Schließlich fanden sie, was sie suchten. Sie klopften an die Tür, bebenden Herzens sahen sie, wie sie sich öffnete, und als sie eintraten, standen sie zu Hause in ihrer Klosterzelle.
Da begriffen sie: Der Ort, an dem Himmel und Erde sich berühren, befindet sich auf dieser Erde, an der Stelle, wo wir innerlich und äußerlich zu Hause sind.

*Nach einer Legende*

## Segen

Sei gesegnet von Gott dem Vater,
dass du dich in ihm
und in dir
zu Hause fühlst.

Sei gesegnet vom Menschenbruder aus Nazareth,
dass du dich
angenommen fühlst
an dem Ort,
wo du das Leben mit anderen teilst.

Sei gesegnet von Gott dem Geist,
dass deine Lebensräume erfüllt werden
mit Licht,
mit Liebe,
mit Lebensfreude und Frieden.

So sei gesegnet im Haus deines Lebens.

## Angst überwinden

*Meditation zum 18. Psalm*

Wellen der Verzweiflung
schlugen über mir zusammen;
kein Boden mehr unter den Füßen.
Mir wurde angst und ich schrie,
meine Schreie gingen ins Leere.
Dann erlebte ich mich plötzlich gefasst;
konnte wieder Luft holen,
war heraus aus dem Sog.
Die mich ausschalten wollten,
kamen nicht zum Zuge.
Kalt haben sie mit meinen Schwächen gerechnet,
unbarmherzig sprangen sie mit mir um.
Sie hatten mich schon
und rieben sich die Hände.
Aber sie haben ihr Spiel verloren.
Ich bin ihnen entgangen,
kam frei und fand wieder Lust am Leben.
Die Angst liegt hinter mir –
vor mir sehe ich weites Land.
Gott sei Dank.

*Friedrich K. Barth / Peter Horst*

## Segen

Sei gesegnet mit der Zuversicht der Vögel,
die schon singen, wenn die Nacht noch dunkel ist.

Sei gesegnet mit dem Mut der Pflanzen,
die schon keimen, wenn der Frost noch herrscht.

Sei gesegnet mit der Kraft der Blumen,
die Löcher in den Asphalt brechen.

Sei gesegnet mit der Glut der Sterne,
die dem Himmel in dir die Leuchtkraft geben.

So geh deinen Weg,
gesegnet von Gott,
der dich zum Leben berufen hat.

## Geheimnis Gott

Ein tyrannischer Herrscher besuchte eines Tages einen weisen Einsiedler. „Man sagte mir, du bist weise und lebst in Harmonie mit Gott und seiner Schöpfung. Ich habe noch keinen Gott gesehen. Auch ich will eine göttliche Erscheinung haben; wenn du mir die nicht vermitteln kannst, werde ich dich töten lassen. Also los, gib sie mir, die göttliche Erscheinung!"

„Nichts leichter als das", erwiderte der Einsiedler. „Stell dich für eine Viertelstunde draußen vor die Tür."

„Aber es regnet doch in Strömen, warum soll ich mich da rausstellen?"

„Wenn du eine göttliche Erscheinung haben willst, dann musst du meinen Anweisungen folgen."

‚Nun gut, schlimmstenfalls bekomme ich einen Schnupfen, aber diesem Burschen, diesem Einsiedler, werde ich das Handwerk legen', dachte der Tyrann und willigte schließlich ein.

Nach 15 Minuten betrat er, vor Nässe tropfend und voller Wut, die Hütte des Einsiedlers: „Und jetzt, du frommer Geselle, wo ist jetzt deine göttliche Erscheinung? Sieh dir das an!", schrie er und zupfte an seinen nassen Kleidern. „Ich habe keine göttliche Erscheinung gehabt, sondern mich wie ein Idiot gefühlt, wie ein vollkommener Blödmann."

„Gar nicht so schlecht, diese Einsicht, wenn man bedenkt, dass es sich um deine erste göttliche Erscheinung handelt", antwortete der weise Einsiedler.

*Marco Aldinger*

## Segen

Sei gesegnet mit der Erkenntnis,
dass Gott ein Geheimnis ist und bleibt,
dass kein Wort ihn hinreichend beschreiben könnte.

Sei gesegnet mit der Ahnung,
dass Gott etwas mit dem Geheimnis deines Lebens
zu tun haben könnte.

Sei gesegnet mit der Vorstellung,
dass Gott dir einen Grund bieten könnte,
um im Leben verwurzelt zu sein.

Sei gesegnet mit dem Verdacht,
dass Gott dir Flügel verleihen könnte,
um das Leben leichter zu leben.

Sei gesegnet mit der Vermutung,
dass Gott auch etwas mit dem Geheimnis
der Liebe zu tun haben könnte.
Dem Geheimnis, das dem Leben
wahrhaft einen Sinn verleiht.

## Utopie, nur ein Traum?

Einfach vortrefflich
all diese großen Pläne:
das goldene Zeitalter,
das Reich Gottes auf Erden,
das Absterben des Staates.
Durchaus einleuchtend.
Wenn nur die Leute nicht wären!
Immer und überall stören die Leute.
Alles bringen sie durcheinander.
Wenn es um die Befreiung der Menschheit geht,
laufen sie zum Friseur.
Statt begeistert hinter der Vorhut herzutrippeln,
sagen sie: Jetzt wär ein Bier gut.
Statt um die gerechte Sache
kämpfen sie mit Krampfadern und mit Masern.
Im entscheidenden Augenblick
suchen sie einen Briefkasten oder ein Bett.
Kurz bevor das Millennium anbricht,
kochen sie Windeln.
An den Leuten scheitert eben alles.
Mit denen ist kein Staat zu machen.
Ein Sack Flöhe ist nichts dagegen.
Kleinbürgerliches Schwanken!
Konsum-Idioten!
Überreste der Vergangenheit!
Man kann sie doch nicht alle umbringen!
Man kann doch nicht den ganzen Tag auf sie einreden!

Ja wenn die Leute nicht wären,
dann sähe die Sache schon anders aus.
Ja wenn die Leute nicht wären,
dann ging's ruckzuck.
Ja wenn die Leute nicht wären,
ja dann!
(Dann möchte auch ich hier nicht weiter stören.)

*Hans Magnus Enzensberger*

## Segen

Sei gesegnet von Gott
mit einem glühenden Herzen.

Sei gesegnet von Gott
mit einem Traum,
in dem sich etwas zum Guten wendet.

Sei gesegnet von Gott
mit einer Vision
von einer solidarischen Welt,
in der kein Kind hungert.

Sei gesegnet von Gott
mit einer Idee,
mit der du dich einbringen kannst
für eine liebevollere Welt.

Sei gesegnet von Gott
mit Mut,
etwas anzupacken,
was dir am Herzen liegt.

Gott bewahre dich in seinem Frieden
und in dem Schutz seiner Arme.

## Quellenangaben

S. 12: Aus: Rose Ausländer, Im Aschenregen die Spur deines Namens, © 1984 S. Fischer Verlag, Frankfurt am Main
S. 14: Aus: Helmut Zöpfl, Das kleine Buch der guten Gedanken, © 2000 Rosenheimer Verlagshaus, Rosenheim
S. 18: Aus: Else Lasker-Schüler, Gesammelte Werke Band 1, Hrsg. F. Kemp, München 1984
S. 26: Aus: Christa Spilling-Nöker, Manchmal stellt sich mir mitten am Tag einen Engel in den Weg. aus: dies., Komm, mein Engel, komm © 2019 Verlag am Eschbach ein Unternehmen der Verlagsgruppe Patmos in der Schwabenverlag AG, www.verlag-am-eschbach.de
S. 28: Aus: Uwe Böschemeyer, Zu den Quellen des Lebens, Lahr 1995
S. 30: Aus: Rudolf Otto Wiemer, Der Augenblick ist noch nicht vorüber, Stuttgart 2001, © Rudolf Otto Wiemer Erben, Hildesheim
S. 32: Aus: Josef Gähwiler, Zeit erfüllt mit Leben, Freiburg 1992
S. 36: Aus: Uwe Böschemeyer, Worauf es ankommt. Werte als Wegweiser, © Piper Verlag GmbH, München 2005, S. 206
S. 40: Aus: Anthony de Mello, Warum der Vogel singt, Freiburg i. Br. 1984, S. 55
S. 44: Aus: Anthony der Mello, Warum der Schäfer jedes Wetter liebt, Freiburg i. Br. 1988, S. 62
S. 50: Aus: Wilhelm Willms, wußten sie schon. aus: ders., der geerdete himmel © 1974 Butzon & Bercker GmbH, Kevelaer, 7. Aufl. 1986, 5.5, www.bube.de
S. 56: Aus: Klaus W. Vopel, Praxis der positiven Psychologie, Salzhausen 2013, S. 166
S. 58: Aus: Lothar Zenetti, Auf Seiner Spur. Texte gläubiger Zuversicht © Matthias Grünewald Verlag. Verlagsgruppe Patmos in der Schwabenverlag AG, Ostfildern 2011. www.verlagsgruppe-patmos.de
S. 60 und 62: Aus: Marco Aldinger, Geschichten für die kleine Erleuchtung, Freiburg i. Br. 2006, S. 119 und 26

S. 64: Aus: Axel Hacke, Das Beste aus meinem Leben, © Verlag Antje Kunstmann, München 2003, Seite 65.
S. 66: Aus: Anthony de Mello, Warum der Schäfer jedes Wetter liebt, Freiburg i. Br. 1988, S. 133
S. 68: Aus: Hanns Dieter Hüsch / Uwe Seidel, Ich stehe unter Gottes Schutz, Seite 140, 2018/16 © tvd-Verlag Düsseldorf 1996
S. 70: Aus: Waldemar Wolf / Renate Spennhoff (Hrsg.), Miteinander hoffen, Neukirchen-Vluyn 1995, S. 157
S. 72: Aus: Günter Radtke, Gedanken zum Selbermachen, Gerlingen 1987
S. 78: Aus: Waldemar Wolf / Renate Spennhoff (Hrsg.), Zusammen wachsen, Neukirchen-Vluyn 1999, S. 25
S. 80: Aus: Marco Aldinger, Bewußtseinserheiterung, Freiburg i. Br. 1998, S. 121
S. 84: Aus: Anthony de Mello, Wer bringt das Pferd zum Fliegen?, Freiburg i. Br. 1989, S. 120
S. 88: Aus: Hanns Dieter Hüsch / Uwe Seidel, Ich stehe unter Gottes Schutz, Seite 81, 2018/16 © tvd-Verlag Düsseldorf 1996
S. 92: Aus: Rudolf Otto Wiemer, Der Engel bei Bolt an der Ecke, Gütersloher Verlagshaus, Gütersloh 1976 © Rudolf Otto Wiemer Erben, Hildesheim
S. 96: Aus: Peter Bichsel, Kindergeschichten, © Suhrkamp Verlag Frankfurt am Main 1997, S. 40. Alle Rechte bei und vorbehalten durch Suhrkamp Verlag Berlin.
S. 102: Aus: Lothar Zenetti, In Seiner Nähe. Texte des Vertrauens (Topos Taschenbücher, Band 1018) © Matthias Grünewald Verlag. Verlagsgruppe Patmos in der Schwabenverlag AG, Ostfildern 2015. www.verlagsgruppe-patmos.de
S. 106: Aus: Anthony de Mello, Zeiten des Glücks, Freiburg i. Br. 1994, S. 149
S. 112: Aus: Anthony de Mello, Zeiten des Glücks, Freiburg i. Br. 1994, S. 82
S. 114: Aus: Marco Aldinger, Geschichten für die kleine Erleuchtung, Freiburg i. Br. 2006, S. 16
S. 116: Aus: Hape Kerkeling, Ich bin dann mal weg, © Piper Verlag GmbH, München 2006 und 2021, S. 14

S. 118: Aus: Anthony de Mello, Zeiten des Glücks, Freiburg i. Br. 1994, S. 76

S. 122: Aus: Gudrun Pausewang, Was ich dir noch sagen wollte, Stuttgart 1993

S. 124: Aus: Doktor Erich Kästners Hausapotheke © Atrium Verlag AG, Zürich, und Thomas Kästner 1936

S. 126: Aus: Carmen Bernos de Gasztold, Gebete aus der Arche, Mainz 1976

S. 128: Aus: Christine Müller (Hrsg.), Spuren und Wege, EVA, Berlin 1990, S. 30, gekürzt

S. 134: Aus: Anna Tüne, Frauen-Bilder-Lesebuch, Elefanten-Press, Berlin

S. 140: Aus: Wolfhart Koeppen / Renate Spennhoff (Hrsg.), Einblicke – Ausblicke, Neukirchen-Vluyn 1985, S. 155

S. 146: Aus: Schweigen, Hören, Betrachten: Andacht, Materialheft 7/1972, Beratungsstelle für Gestaltung von Gottesdiensten, Frankfurt a. M.

S. 148: Aus: Marco Aldinger, Bewusstseinserheiterung, Freiburg i. Br. 1998, S. 87

S. 150: Aus: Hans Magnus Enzensberger, Gedichte 1950-2015, © Suhrkamp Verlag Berlin 2014.

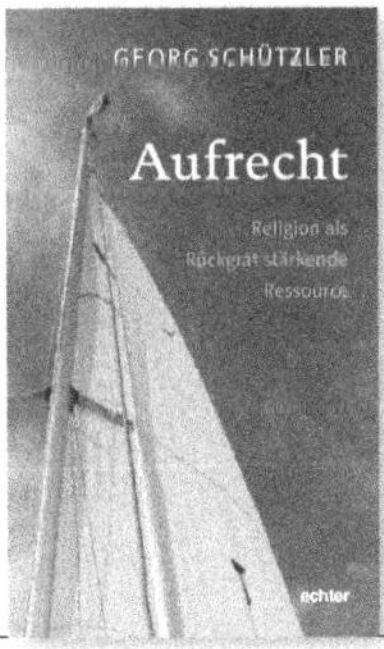
GEORG SCHÜTZLER
Aufrecht
echter